终南悟佛

高均善 著

陕西新华出版传媒集团
三秦出版社

图书在版编目（CIP）数据

终南悟佛 / 高均善著. -- 西安 : 三秦出版社, 2016.3

ISBN 978-7-5518-1249-8

Ⅰ. ①终… Ⅱ. ①高… Ⅲ. ①佛教 - 研究 Ⅳ. ①B948

中国版本图书馆CIP数据核字(2016)第046048号

终 南 悟 佛

高均善 著

出版发行	陕西新华出版传媒集团　三秦出版社
社　　址	西安市北大街147号
电　　话	029-87205121
邮政编码	710003
印　　刷	西安市商标印刷厂
开　　本	889mm × 1194mm　1/32
成品尺寸	210mm × 143mm
印　　张	9.75
字　　数	185千字
版　　次	2016年3月第1版 2016年3月第1次印刷
印　　数	1-10000
标准书号	ISBN 978-7-5518-1249-8
定　　价	38.00元

网　　址　http://www.sqcbs.com

目　录

开篇的话

2008年以前，我曾经N次进入古城之南这座如茵如黛的终南山，但基本都是游山玩水，没有认真思考这座崇山峻岭的文化底蕴，包括他与佛、道二教之间的根脉渊源。

此后偶遇一位从北京来到终南山修行的僧人，他建议我写一本关于终南山佛教或道教的书。在他看来，中国的名山大川中，能与佛、道二教结缘如此深厚的中国名山应该非终南山莫属。尽管社会上广泛流传的关于佛教或者道教的名山大川里并没有终南山的名字，但是丝毫都动摇不了终南山作为中国本土宗教——道教的发源地的历史地位；丝毫都遮盖不住终南山佛教的历史地位。佛教初传中国时是寂寞的，孤单的，是终南山以博大的胸怀接纳了他。不到终南山，要全面了解中国佛教的发展和演变，是肯定有缺憾的，不完整的，甚至是不可能的。因为终南山曾经用他厚重的身躯，承载着佛教在中国的落户、生根、开花、结果。

此后我进山的频率骤然增加，参访寺庙的脚步继而频繁，并且开始留心寻找道、佛二教在终南山的历史踪迹。

不久，写了一本《终南问道》的小册子，尽管明显有疏漏错谬之处，但毕竟是一本介绍终南山道教文化的专著，出版后即受到读者的好评，首印两千册很快销售一空。当我准备修改再版之际，又有人建议我再写一本关于终南山佛教的书。

沉思良久，竟然一时半刻难以入手。因为佛教的哲学内涵实在太丰富，我一个既非学院出身，又非专业研究的自由撰稿人焉能承担如此重任?

但是阅读了关于介绍终南山佛教的数十本文化著作后，我对那些用传统套路回顾终南山佛教历史的书有点微言。这些书并无错谬，但对读者却是不小的精神负担。这些书籍本身的单调和枯燥暂且不论，就算耐着性子阅读，或充其量只能对终南山的佛教寺庙或者僧人有一个概况了解，值得思考的东西很少。于是我斗胆将自己八年来对佛教参访的见闻和感想共 28 篇文章收集成书，以期帮助读者通过这些文章，既可基本了解终南山和佛教的历史渊源，又可基本了解佛教的经籍义理。当然我所涉及的佛教还仅限于常识性问题和一般人崇佛问道的水平，限于能力，不敢深究。

读完这本书，如果读者对终南山的佛教文化有了比较深入的了解，对佛教的经籍义理产生了兴趣，并且从终南山高僧大德身上学到或看到佛教的基本精神，我的辛苦就算没有白费。不为别的，就为拂去掩盖在终南山躯体上那一层薄薄的尘土，让终南山展现他应有的雄姿。

巍巍终南山

名山、名寺、名僧——我说终南山

写了这个题目，我先吓了一跳。如此大的题目，让我一介初涉文坛的“自由撰稿人”来写，恐怕是要赶着鸭子上架呢。再说，那些泡在大学殿堂的专家们也许早就组织人马编写出一本又一本中国的《名山》《名寺》《名僧》了，哪里还用得着我等体制外的自由人士涉足?

事情还果真如此。

一个终南山，已经被出版了不下数十种各式各样的“名著”，凡是发生在终南山的佛、道故事都已经涉猎，并且有书在案。然而，翻来翻去，这类书沿袭了一个共同的套路：摄取历史留下的佐料，加些盐，添些醋，就成了新书，其中大多数都是关于终南山佛道二教的寺庙、宫观介绍或者高僧简介。对此我沿袭拙著《终南问道》的套路，再次列几个题外题说道说道。

终南山为何成不了佛教四大名山?

《终南悟佛》原本是想通过介绍终南山的佛教，把自己故乡终南山连同终南山宗教文化介绍给读者。然而，拜读了好几本“佛教与名山”的书籍，居然在列举与佛教有关的四大名山时，都不曾把终南山列在其中。在我的拙著《终南问道》中有一篇关于“四大道教名山，为何少了终南山”的文章，写这本《终南悟佛》总不至于再写一篇“四大佛教名山，为何少了终南山”吧！佛教四大名山并没有终南山的位置，但是佛教八大祖庭，就有六个在终南山；佛教知名的十几位高僧，有近一半人都曾在终南山修行。终南山的的确确在佛教的传播中扮演过非同一般的重要角色。以终南山的道风梵韵和他的清灵峻秀，都应该在“佛教名山”中有着相对靠前的名次。可是四大佛教名山的称号分别被五台山、峨眉山、普陀山、九华山占据，终南山充其量只被称为关中佛教圣地。这就使人匪夷所思了。

然而认真思考后发现，终南山尽管曾经在佛教的传播中扮演过重要的角色，但是有一个“短板”一直困扰着终南山，也困扰着终南山所在地陕西的朋友们。据我统计，市面上在售的关于佛教的书籍（也包括道教）大约有七十余种，其中由终南山人所著的寥寥无几。指望那些从未来过终南山的作家们青睐终南山，恐怕有些强人所难。也许有人说了，历史终归是历史，难道作家写书，能把历史篡改了不成？其实也不然。历史的确是历史，但不同的角度会有不同的感受。任何一个作者，都不可能脱离他的生活圈子写历史。更何况那些关于佛教名山的著作基本都是仁者见仁、智者见智，谁能站在一个相对公平的历史平台上，客观地评价中国名山中哪些才是佛教的圣山呢？

这几年虽然也出版过不少来自陕西的文化学者所撰写的关于终南山儒释道以及人文景观的书，但大多都出自陕西各出版社，印数也多在一两千册，根本无法形成全国性影响。

当然，终南山的沉寂，主要的根源还是终南山所在地西安乃至陕西在终南山形象宣传上比较弱势，从而使这座唐宋时期全国四大佛教圣地之一的名山的地位有点尴尬。按照西北大学佛教研究所教授李利安的说法，是因为忽视了终南山的文化价值，导致现有的流行理念将终南山定位在西安后花园这样一个相对较低的层次上。李教授的说法可谓是一语中的。但是，也应该体谅那些编写“十一五”规划纲要和西安旅游规划纲要的人们，只因为西安乃至陕西有文化价值的地方太多，从而把终南山“忽略”了。既然自己都在“忽略”自己，焉能指望别人给终南山抬轿子？

能不能成为佛教名山，也不是几本书就可以定论的。相信随着佛教的兴旺，终南山终将再现昔日的辉煌。只要终南山的文化人不再沉默，并且心往一处想，劲往一处使，摆脱名利的羁绊，真心弘扬终南文化，终南山就一定会跻身世界级佛教名山之列。

终南名寺多，而今多破落

如今的终南山始建于隋唐时期的寺庙就有几十个之多，其中在历史上影响巨大的寺庙也有十多个，像净土宗祖庭香积寺，律宗祖庭净业寺、丰德寺，法相宗祖庭兴教寺，华严宗祖庭华严寺、至相寺，三阶教祖庭百塔寺，三论宗祖庭草堂寺等。佛教最早于西汉哀帝元寿元年（公元前2年）传入中国，西晋时期终南山就已经有佛寺了。最初的佛寺就是今天户县庞村的罗汉寺，西晋惠帝敕建的《圣旨碑》现在还存留该寺。最初的名字叫白马招觉院，扩建后叫“行香院”。首任住持普觉曾被以国师之礼相待。寺院占地千顷，殿堂百座，瓦厦数千间，几乎相当于今天终南山正规寺院的总和了。西安以西三十多公里、终南山下的草堂寺前身是一个供皇室游览的逍遥园，西秦时这儿迎来终南山最有名望的译经家

三阶教祖庭百塔寺

鸠摩罗什。此后逍遥园就成为终南山佛教的大本营，传教初期的中国高僧都曾在草堂寺留下踪迹。

北魏太武帝和北周武帝两次灭佛时（时间分别为公元446、574年），终南山成为僧尼躲避藏身的最佳选择，茅棚修行就此开始。隋唐复兴佛教后，终南山已经成为千寺林立的佛教圣地了。曾经有诗形容隋末唐初时期终南山的佛教盛况："长安三千金世界，终南百万玉楼台""一片白云遮不住，满山红叶尽为僧"。一直到唐末时，终南山的寺院和佛教活动还在全国处于领导地位，寺院和僧尼的数量以及弘法的影响都首屈一指。其中终南山西部的太白山就有九大寺，可惜只有铁佛寺今存，其余都消失殆尽了；往东进入周至县境，黑水峪内的仙游寺法王塔曾是隋文帝敕建的数十座舍利塔之一，唐代诗人白居易的《长恨歌》就是在仙游寺写就的；户县境内的栗峪口西有明阳寺，山口外有大悲寺，而今只有大悲寺尚存，规模不及昔日的十分之一；九华山、紫阁山寺庙不下数十座，唯独山下的草堂寺至今还保持着较旺的香火，其余如圭峰寺、金峰寺、太平宫寺、云际寺、青龙寺、紫阁寺等或已经消失，或只存碑石和楼台，名义上叫寺，实际上只是村庙。长安境内自古寺多僧众，但仍具有一定规模的千年古刹只有净业寺、丰德寺、香积寺、华严寺、兴教寺、清凉寺、至相寺、观音禅寺、弥陀寺、紫竹林、圣寿寺、天池寺、道安寺、牛头禅寺等十几座，其中净业寺因为地处半山，一直难以形成规模；丰德寺同样地处半山，发展空间受到极大限制；香积寺虽然处在平原地带，但是因为村围路挡，几乎没有拓展的土地；华严寺则一直为寺院的坍塌问题纠结；兴教寺和至相寺虽然在近年也曾有拓展，但是寺院的僧人稀少，信众也不活跃，维持现状尚可，积极弘法较难；其他的寺院也基本都处在僧少人稀的境地。用“沉寂”二字形容当今终南山的佛教是比较符合实际情况的，因为多数寺院都面临着“三少”的难题：信众少，居士少，供养少。这三少折射出佛教在终南山乃至全国所面临的共同的困境：寺院的主持在弘法和教化信众上的能力亟待提高。寺庙的资粮主要依靠信众的供养，没有信众的信任和支持，寺庙的宏法事业暂且不说，仅自己的生存就成问题。表面上看，多数寺庙都因为资金短缺，影响到寺庙的建设和发展，但是，真正影响佛教弘法的不是外因，而是内因。本书已在其他章节中有过阐述，此文不再涉及。

终南山高僧高在哪里？

终南山有高僧，自隋唐到今天，一直如此。也曾有人写书撰文一一列举，也曾有人不畏艰险涉山参访。依我看，见不见高僧并不重要。古代的高僧肯定已经见不到了，现代的高僧难以谋面。谁是高僧？谁人评说？

看看古代那些高僧，无一例外都是讲经讲出水平，继而成为高僧的。僧肇8岁出家，15岁开始登堂讲经，听众居然有大他几十岁的人；玄奘从印度回国前，曾经在印度大法会上公开招贴标语征询辩论者；释道安相貌虽丑，每次讲经，慕名的听众动辄数百。试问：今天的终南山，有谁家寺庙的讲经堂一直坚持接待信众？今天的住持们有谁能把艰涩难懂的佛经以通俗幽默的语言讲给信众？

终南山寺庙的住持及僧尼我也曾拜见过不少，有一些也如古代高僧，有着比较深厚的国学修养，但是多数都失之于文化水平的低下，有一些人名义上担任住持之职，实际上自己读佛经都很吃力。而古代的终南高僧，几乎都是清一色的儒释道的通才。释道安年幼入寺，很早就通读了儒家经典和佛教经典，被朝廷视为“神器”，多次受邀参政议政。释道融12岁出家，在师傅的引导下，一直孜孜不倦地学习儒家经书，30岁时已经成为远近闻名的大才子；杜顺学无常师，兢兢业业勤学不辍，不但谙熟佛儒经籍，对治病也有诸多心得；道宣出家前就遍读儒家经籍，16岁出家后，又四方参学，自称“居无常师，追千里如咫尺；唯法是务，跨关河如以草”，到30岁时，已经开始从事各项著述了。

高僧们不但学识深厚，信仰也如大山般厚实，如钢铁般坚强。周武帝灭佛时，终南山有一位名不见经传的僧人为护法，竟然挖掉自己的眼睛以示抗议；道积和尚到京进谏，没有得到朝廷的回应，他与弟子等七人在弥勒像前绝食身亡；

而居于终南山的静蔼和尚，面对朝廷士兵的围剿，从容不迫，坐在高山巨石之上，用利刃割下自己的肉，一直割到心脏。

西安大兴善寺

对于来自封建王朝的打压，采取如此猛烈的反抗举动固然可泣可敬。但是，这种牺牲对弘法事业并无多少实际的帮助。在此还应学学现代高僧虚云老和尚的做法。当虚云老和尚屡屡被军阀施压时，他采取了顶不过就躲的办法，与他们在时间上“熬”，在空间上“避”。终于熬到他们死了，而老和尚却依然健在。事物都是随着时间、空间的星移斗转发生变化的。当你的能力不足以扭转某项谬误时，不妨采取“拖”的办法。长夜漫漫，总会有黎明的时刻。虚云活了120岁，很多人活不到虚云的年纪，但是不要气馁，相信人类的智慧，相信自己所崇奉的事业。

我曾直言不讳地对一些寺庙住持讲：我最欣赏和崇敬的古代高僧的品行之一，便是他们的苦修精神，尤其是终南山净土宗实际创始人善导的苦修精神。善导一生弘法，坚持一个“简”字，弘法主张简明扼要：阿弥陀佛的第十八愿只讲一条——“你念我的名号来往生”，就是口称“南无阿弥陀佛”这句名号。行持上主张苦修：“入佛室必合掌长跪，一心念佛，非力竭不休；30余年，常坐不卧，艰苦自励；护戒持律，秋毫无犯，不举目视女人，绝名利，远喜笑；食不自享，回施善食送大厨供众，唯食粗恶以自支身，乳酪醍醐从不沾口；出外化缘，独行不共众去，以免与人谈及世事而乱心动神，妨碍修业；念佛精至，有‘口吐光明’之相”。传说其为“弥陀化身”（自周文敏的《长安佛寺》。

宗教也好，政党也好，始终保持艰苦奋斗的精神，才是永葆青春的唯一法宝。再好的经籍义理，都经不住自家浮夸奢靡的折腾。

唐太宗李世民继位后，有一位铮铮铁骨的大臣给他写了一篇文章：“臣闻求木之长者，必固其根本；欲流之远者，必浚其泉源；思国之安者，必积其德义。源不深而岂望流之远，根不固而何求木之长。德不厚而思国之治，虽在下愚，知其不可，而况于明哲乎！人君当神器之重，居域中之大，将崇极天之峻，永保无疆之休。不念居安思危，戒奢以俭，德不处其厚，情不胜其欲，斯亦伐根以求木茂，塞源而欲流长者也。

凡百元首，承天景命，莫不殷忧而道著，功成而德衰。有善始者实繁，能克终者盖寡，岂其取之易而守之难乎？昔取之而有余，今守之而不足，何也？夫在殷忧，必竭诚以待下，既得志则纵情以傲物。竭诚则吴越为一体，傲物则骨肉为行路。虽董之以严刑，振之以威怒，终苟免而不怀仁，貌恭而不心服。怨不在大，可畏唯人；载舟覆舟，所宜深慎。奔车朽索，其可忽乎……？”（唐魏征《谏太宗十思疏》）

原来这柔软的水，既能载舟畅行于浩淼的大海，也能将舟船打翻沉没。水者，信众也！没有了信众，佛教就没有了根基，而佛教的生命力就在自身的“苦修”之功。

和尚为何都姓释

“释”这个字在几万个汉字里再普通不过，通常的解释就是“解释”“消除”“说明”“放开”“放下”，所谓的注释、释文、释义、释疑、释怨、释放，也就是这些意思。但是，自从佛教传入中国后，这个“释”字就有点非同一般了。

释迦牟尼其实并不是佛教创始人的本名，因为他属于古印度释迦族部落，后人出于尊敬，称他为释迦族圣者，而“释迦”一词则隐含“能”与“勇”之意，“牟尼”是当时对出家修行者的统称。所以，这位彪炳千秋的佛教创始人悉达多·乔答摩的名字已经很少有人知道，而释迦牟尼这个名号却如雷贯耳、妇孺皆知。

至于佛教寺庙里的和尚为何都姓释？还要进一步对历史进行梳理。

释迦牟尼的名字开始传播后，佛教也被称为释教，而早期佛教寺院的住持、和尚们则被称为“释子”。和尚开始尊姓释，据说与终南山下神禾塬畔的一座庙和庙里的一位著名的和尚有些关联。

《咸宁县志》说：“道安寺在城南四十里北王里，相传苻秦国师道安曾居此，故名”。“苻”指的是苻坚，十六国时期前秦的君主。苻坚这个名字有点陌生，但“淝水之战”几乎家喻户晓。这场中国历史上著名的以少胜多的战役就是苻坚首先发动的，最终以惨败收场。道安所居的道安寺古称五重寺，亦称义安院，地点就在今天长安韦曲东南的神禾塬畔，与唐三藏玄奘法师葬地兴教寺仅一水之隔。

到了宋代，游历者张礼在他的《游城南记》一书中说：“今为尼院，院中竖起小塔”，此塔即为“道安国师塔”。好在建塔时镌刻了《苻秦国师塔记》，并一直保存至今。明代游历者赵崡写的《秦游日录》上“道安国师塔”已经“葬塔半倾，寺亦寥落”。后来也曾有人修葺，但朝代的频繁更替，战火和天灾的摧残，使这座历史名寺一直再未兴盛。那一块《苻秦国师塔记》的石碑为我们留下道安寺和道安和尚的一点痕迹。此碑雕刻于1218年，距今797年，是一块记载道安法师生平事迹的重要文物。

道安（314－385）是东晋时期河北人，本姓卫氏。据《高僧传》介绍，他的出身还算显贵，但父母去世早，道安由外兄孔氏抚养。7 岁时读书，12 岁时出家为僧。尽管没有任何的文章记载他因何出家，但以道安当时的处境和他其貌不扬且又孱弱多病的外表，出家为僧也许就是唯一可选的生存之道。

道安的足迹曾遍及河北，他深感学佛法者，多墨守成规。他说：大师已去，义理可寻，学佛就当穷究幽远，探索微奥，不必拘泥于一寺一庙。

后来因为战乱，道安携弟子到了湖北，在襄樊、沔州一带住了 15 年，一直坚持向信众讲解《放光般若经》等佛教经典，传播佛旨要义，教化民众。

东晋孝武帝曾下诏书嘉奖道安。

道安所处的魏晋时期，僧人基本都是依师父的姓为姓。师父姓王，弟子都姓王；师父姓李，弟子都姓李。寺院里的僧尼并没有一个统一的称呼。道安认为：既然成为佛门弟子，就应首尊释迦牟尼，以释氏为姓。后来佛教寺院的方丈、住持乃至和尚们，都以释某某称谓，一直延续到今天。这段历史在《高僧传·释道安》中这样记载："东晋道安以大师之本，莫尊释迦，乃以释命化，中国汉族僧尼称释，自此始"(摘自《辞海》)。

《苻秦国师塔记》告诉我们，道安曾经当过前秦首领苻坚的国师。以道安的修为，他绝无可能主动为苻坚当国师的。因为道安修道的功夫了得，在魏晋时期就已经声名远扬，所以苻坚曾派重兵把道安接到府下，并一直带到长安。此后他便与终南山结下了不解之缘，甚至连尸骨都葬在长安。

有人要问：既然苻坚身边有道安这样的一位高参，为何在淝水之战中一败涂地，还给中国人留下了“风声鹤唳”、“草木皆兵”的历史笑话。

其实在苻坚打算进攻东晋时，就曾遭到他身边两个人的极力反对。太子苻宏曾对他的老爹说，东晋是应该消灭的，但以自己的现状，主要的精力不是占领东晋，而是要“厉兵积粟，以待暴主”。苻坚要攻打东晋，也曾询问过道安，道安先是极力劝阻，但苻坚这个人一向刚愎自用，道安就建议他：“若坚持攻打江南，可移兵洛阳，再传檄文于江南，如江南负隅，再讨伐不迟”。

人就怕得意忘形。苻坚凭借比东晋强大十倍的兵力，以平阳公苻融率精锐为前锋，自己亲领60万大军随后。结果都知道，苻坚败了。时至今日，中外的军事院校还把这个以少胜多的著名战役当作经典范例教育官兵。

道安不曾阻止苻坚的鲁莽，却在教化信众上颇有成就。据说当时的长安就曾流传：“学不师安，义不中难”。

今天的终南山下有两座道安寺，其中原道安寺遗址上修建的道安寺，是二十世纪九十年代由长安区彰仪村、刘家村、心结村、关家村等的佛教信众集资修建的，那个《苻秦国师塔记》的石碑也几经周折，被居士们追回立在道安寺内，见证着历史的兴衰变化。另一座道安寺坐落在户县境内，与释道安有何渊源不得而知。

有朋友曾经对“和尚为何都姓释”这篇文章的标题产生疑问，以为释姓只是和尚的一个法号，并非是一般意义上的姓氏。释作为僧尼的姓没有值得疑虑的地方。尽管宋代人编撰的《百家姓》中没有释姓，但是后来的人编撰的中国姓氏大全却赫然有释姓，而《百家姓》仅仅收录了中国姓氏 507 个。据统计中国人的姓氏远远超过一万个。二十世纪八十年代北京的 800 万人口中，就有 1800 个姓氏。1987 年中科院遗传与发育生物学研究所根据全国人口普查统计，中国姓氏在 12000 个到 13000 个之间。释姓不但在佛教界广泛应用，在民间也有其姓。但是当年道安主张以释氏作为僧尼的姓，却是根据佛教创始人释迦牟尼的释作为僧尼的姓氏，所不同的地方在于释既有姓的成分，也有法号的成分，甚至还有佛教的特定含义。道安之前的佛教曾经就被称为释教，佛教的经典也被称为释典，甚至连僧徒也通常称释子。所以按照世俗的称谓，我们可以把白居易称“老白”，把张三称“老张”，却不能把释道安称为“老释”。

我们把释道安可以称为“法师”，也可以称为“律师”，还可以称为“师父”，而世俗对僧尼称谓最普遍的是“法师”或“师父”。“法师”在佛教寺院属通用型称谓，既在和尚之间互称，也是世俗民间对僧尼的通称。“法师”者，顾名思义，以法为师，弘法之师，故称“法师””。“法师”在佛教寺院因职业不同，还有更加详细的称呼。根据《法华经》的记载，“法师”可分为受持法师、读经法师、诵经法师、解说法师、书写法师，甚至还有专门研究佛教戒律的法师，但此类法师不称法师，而称“律师”，如道宣律师，怀素律师。佛教其所以很少在称谓中使用律师，是因为世俗间已经广泛使用律师的称谓，而世俗间的律师一词就来自佛教。因为世俗间的律师专司诉讼，佛教也就很少使用律师之称了。毕竟在佛教义理中，对诉讼是很排斥的。

关于“师父”的称谓，也有必要做些澄清。我们通常所称的“师父”与“师傅”，尽管两者也有共通之处，但是在历史上的应用还是有明显的区别的。“师傅”一词早在战国就已经开始使用。《史记·吴王濞传》就有这样一句话：“吴太子师傅皆楚人”。由此可见，吴太子的“师”和“傅”是两个人而不是一个人。事实上古代的“师傅”之称就包含着“太师”和“太傅”，或就是两者的合称。“师傅”在中国古代可是“贵极人臣”般的称呼，南宋之前还仅限于宫廷使用，南宋之后才开始成为民间的称呼，其主要的意思就是对传业解惑的老师的尊称。而“师父”却不同。“师父”一词自唐代开始使用，就缘于民间所言：“一日为师，终生为父”。因为古代的师徒之间真的犹如父子，师父自己决定收谁为徒，一旦拜师，徒弟就住在师父家里，既由师父传业，也由师父供养。这种关系，不是“师父”又是什么呢?

我们把僧尼称“师父”或者“师傅”都不是问题。差别只在于:“师傅”是敬意;“师父”除了敬意，还包含着自己的某些深挚情感。

当今佛教寺院的和尚们理当效法古僧，真如其姓，超脱尘世，尽“释”人间是非曲直。

雁塔雪景

悟佛，回望印度

无论崇信佛教与否，都知道佛教自印度传来。印度在哪里？就在我们中国西部喜马拉雅山的另一侧——一个人口数量仅次于中国、经济发展正在追赶中国的新兴经济体。

说起印度，不由得使我们想起二十世纪六十年代发生的中印战争。虽然时间已经过去了半个多世纪，但因为战争所留下的历史阴影并没有在两国人民心中消散，战争的导火索领土争端也没有随着战争的结束而平息，至今还横亘在中印两国之间，使本来应该进一步紧密合作的关系也变得忽冷忽热，扑朔迷离。其实从历史的渊源中追溯，中印两国有着深厚的历史情结，也有着经济交往和文化协作的现实需求。但是因为领土问题，两个本来能走得更近的国家总有些别别扭扭。不知道以后的几十年里，中印两国能否以超级智慧解决历史问题，把彼此的距离拉得更近一些。我们讨论佛教，无论如何都要把印度的历史介绍给大家，因为历史的印度诞生了佛教，诞生了释迦牟尼。

有一位印度驻华外交官K·M·潘尼迦曾经写过一本《印度简史》。在这本书里有一句话引起我长久的深思："假如没有喜马拉雅山的阻隔，印度的历史有可能要重写"。没有喜马拉雅山，印度的历史有可能重写，中国的历史也有可能重写。但毕竟有一个喜马拉雅山，很早的时候因为地壳运动，造就了一座世界海拔最高的山脉，从而使世界上至少四个古代文明以相对封闭的状态发展、演变。有的走向辉煌，有的走向沉寂，而中国和印度都比较完整地保留下来。

历史又一次处在十字路口。

中国人关心美国，关心日本，关心欧洲，当然都有其现实的经济考量和政治需要，但是纵观历史和未来，对中国人来说，更需要重视的应该是另一个国家——印度。毕竟我们和印度相邻，喜马拉雅山已经在现代信息技术的冲击下，难以阻挡彼此的交往了；更重要的是今后一百年甚至五百年，中国和印度都将会成为超级大国，将会扮演世界领袖的角色。这两个有着几千年文明史的国家能否在新的历史机遇期再次碰撞出绚丽的火花，恐怕既是中国人、也是印度人需要深刻思考的重大问题。

吠陀时代

印度北依喜马拉雅山。这座被称为世界屋脊的高山峻岭诞生于远古的一次地震，熔岩如海啸般被抛向高空，瞬间凝固成一座座高耸的奇峰，而另外那些未被掀起的土地已经变成了深邃的峡谷或沼泽。喜马拉雅山白雪皑皑，孕育出三条奔往南方的大河流——印度河、恒河、布拉马普特拉河，而印度人的生存命运也与这三条河流紧密相连。

公元前800年中国还是周王朝及十二诸侯统治时期，也叫春秋时期，印度已经进入吠陀时代好几百年了。释迦牟尼佛就出生于公元前623年。这不是历史书籍的记载，而是考古学家发现的一个纪念柱上的铭文。这个纪念柱建于公元前250年的阿育王时期。铭文上刻着：释迦牟尼佛生于此！正是这一发现，才确立了释迦牟尼佛在佛教中无可比拟的历史地位。

印度的吠陀时代，起源于古代伊朗人的迁徙。因为人口密集，古代伊朗人通过陆路断断续续迁徙到印度大陆。迁徙大多是和平的，缓慢的，只有在某一个特定时期，才以相当的规模与战争推进。到了印度的伊朗人，曾经自称为雅利安人，意思就是“高贵”的人。他们与当地土著民族在冲突中融合，在融合中蜕变，逐渐形成古代印度一个特殊的时代——吠陀时代。正是在吠陀时代，印度不但诞生了婆罗门教，也诞生了佛教。

印度吠陀时代犹如中国的三皇五帝时期一样难以考证；公元前800年的吠陀时代却如中国的春秋战国，有着清晰的历史印记。

延续两千多年，且影响深远、并且仍然影响今日印度的种姓制度就是在公元前800年前后制定的。雅利安人已经开始垒砌城墙，形成国家的雏形，并且在政治上坚持“吠陀天启”“祭祀万能”“婆罗门至上”三条纲领，还以此为前提，制定了一项影响深远的“四种姓”制度。“四种姓”是规范当时社会等级及社会职责的基本制度。包括：执掌宗教和文化权力的婆罗门（意译为清静）；执掌军政大权的刹帝利（意译为武士）；从事生产活动的吠舍（包括农民、手工业者和商人）以及为以上三个等级服务的奴隶首陀罗。

尽管当时所建立的国家同样是封建制的世袭制度，但是并存的部落长老会议和部落民众大会却彰显出这个时代所具有的特质：这是一个相对开放的社会形态。

也许是因为印度所处的特殊的地理位置，也许是因为相对开放的社会制度，公元前800年的印度吠陀时代就有着与中东的海上贸易，黄金已经成为主要的支付货币，而农业上则已经开始使用铁器、铜器以及重犁。耕作遵循四季的变化，小麦、大豆、水稻、棉花已经成为人们衣食的主要依托。根据印度人K·M·潘尼迦撰写的《印度简史》推断，这个时期的城市已经具有现代城市的一切形态，而且城市的形成甚至要追溯到更遥远的时代，比如公元前3500年。到了吠陀时代中期，印度城市的规划已经非常精细，不但所建设的住宅宽大，而且还拥有巨大的水疗设备。

在信仰方面，大致和中国周朝的情况形似，各个部落都会有不同的神灵供奉，甚至还有供奉猪的记载，而对男女生殖器的崇拜也很普遍。

这样的社会形态孕育出灿烂的文化和宗教。

据在遗址上发现的宗教物品推断：印度河人民的宗教是印度教的直系祖先。湿婆和加里以及对林加（林加：即男性生殖器；湿婆的象征）的崇拜，包括流行的印度教的其他特点，在雅利安人没来印度之前，早已在印度确立起来了（见K·M·潘尼迦《印度简史》）。

至于雅利安人如何吸纳古代印度土著人的这些文明，还没有史料或者考古发现。但可以肯定的是：经过雅利安人的兼容并蓄，印度文化在吠陀时代已经绽放出夺目的光彩。因为印度史诗《摩诃婆罗多》和《罗摩衍那》就诞生于这个时代，另外两部有着早期佛教义理的书《吠陀经》和《奥义书》也是这个时代的产物。

值得注意的是，《奥义书》中就有“业”“幻”“轮回说”等内容，而同一时期还有诸多宗教教派在活动，既包括与佛教义理近似的耆那教，也包括由沙门组成的团体。当然这些新形成的宗教基本都来自于婆罗门教的分化思潮。

释迦牟尼出生于释迦族聚居的迦毗罗卫国，佛教传说中的“过去七佛”“贤劫四佛”，可能也是该部族宗教的领袖。以佛立宗或者以其他的宗教立宗，在当时是常态，并不只是释迦牟尼一个僧团。

由此我们可以大致推断，早在释迦牟尼出生前，佛教就已经在吠陀时代前期或者中前期形成。作为继承者，释迦牟尼的丰功伟绩在于给佛教增添了新的内涵，从而使佛教展现出全新的姿容。

释迦牟尼与佛教

公元前 623 年，释迦牟尼出生，父亲为释迦族首领。释迦牟尼 20 岁时，深感人生之苦，于是决定摒弃俗世，寻求改善命运的途径。20 岁的释迦牟尼已经结婚生子，他对人生痛苦的感悟恐怕不会因为衣食的问题或者疾病的问题。他痛苦人生的什么呢？以他悟道的内容分析，或至少有下列几个原因：其一是他对现实生活中诡谲的部族关系产生了厌倦。释迦牟尼的时代，正是印度剧烈变化的时代，部族间频繁的战争和兼并，使任何一个族群的首领都会感到疲惫和惊恐，包括释迦牟尼所在的释迦族，也一样难逃随时被兼并或者被消灭的命运；其二是他对现实生活中错综复杂的人际关系产生了逆反，尤其是对王权的继承和婚姻关系产生抵触，甚至还有可能对女性的身体产生厌恶，因为释迦牟尼的婚姻可能就是部族为壮大自己而成就的一桩政治婚姻；其三是他对现实生活的奢靡颓废产生了绝望。释迦牟尼时代的印度，因为贸易发达，农业进步，城市兴起，人们追求物质生活的兴趣远远超过追求精神生活的乐趣。据说有一次释迦牟尼坐在树下歇息时，就有一群贵族青年追逐着从释迦牟尼身边穿过，手上还提着打猎的武器；其四是印度因为种姓制度的延续，社会生活出现相对固化的现象，尤其是人际关系严重固化，多数派的社会底层开始对社会产生不满和严重的对立情绪；其五是佛教、耆那教等各种教派的辩论和融合，尤其是阿婆罗教的分化，使年轻的释迦牟尼感到迷茫不安。他决心另辟蹊径，依靠自身的能力寻求新的精神寄托，以摆脱日益严重的精神痛苦。

他第一次求助的是一位能向他解释世界种种矛盾和神秘的大师。他曾经求教过很多人，其中有些人专门从事折磨肉体以求达到灵魂纯洁的修行，还有一些人尊崇另外的教义，比如阿罗逻和郁陀迦教他苦行赎罪（据潘尼迦的《印度简史》）。释迦牟尼曾经好几年坚持苦修，几年后释迦牟尼骨瘦嶙峋，随时面临生命的终结。他意识到这一方法并不能使他有所顿悟，于是洗心革面重新像正常人一样吃喝。他的反悔引起五名追随者强烈的愤慨，也使释迦牟尼决心独自开始云游四方继续对真理进行探索。在吠萨克月的月圆日，释迦牟尼忽然觉得得到了关于生命和死亡的真理启示，便决心将他所得到的悟解传给世人。

在这儿我要多说几句：有书籍曾经说，释迦牟尼在菩提树下静坐静思七天七夜终于悟道。也许是鄙人才疏学浅，没有看到更权威的书籍的记载，从印度学者撰写的印度史上，也没有发现这个“七天七夜”的故事。有人说是从佛经上引用的，佛经作为佛教的典籍，当然在记述佛陀时会极尽渲染，就像其他的宗教书籍渲染他们的偶像一样。释迦牟尼既是佛陀，又是一位影响深远的历史人物。历史人物的踪迹应该由历史学家仔细考证，而不是随意的夸大或缩小。夸大或缩小其实都不利于当代人客观地认识历史人物。尤其是中国一些人，动辄就戏说或者演义历史。但历史还是历史，贻害的却是中国读者。往往把真实的历史和演义的历史搅合在一起。这样的一面镜子不知道能映照出多少真实的人生来？

言归正传。释迦牟尼要把自己的新发现告知哪些他认为重要的人呢？他找到了最初追随他的几位大师级人物，想将这个好消息告诉他们，可是已经物是人非。他又找到自己的五个同伴。在圣地贝拿勒斯（婆罗奈城）外的鹿野苑中，他开始了第一次宣讲自己感悟的四谛之说。

四谛是：生老病死的苦谛；引起痛苦之因的集谛（也就是指欲望）；断绝欲望以解脱众苦的灭谛；灭除烦恼的道谛

（道谛有所谓的“八正道”：正见、正思维、正语、正业、正命、正精进、正念、正定）（自杜继文的《佛教史》）。

一直到79岁，释迦牟尼都坚持说法。他的足迹遍及古印度大多数国家或者部落。他所宣讲的主要对象是商人、国王，其次是广大信众。据说释迦牟尼是一位天才的演说家，能够把自己感悟的道理以通俗的语言，深入浅出地讲给他人。加上他谦逊的姿态和慈悲的心怀，使得他成为广受欢迎的热点人物。

所以说，释迦牟尼所宣传的佛教义理不仅在佛教界引起轰动效应，在整个印度也掀起一场社会革命。佛教寺院就是在这个时期开始和佛教结缘，并成为佛教的标志，而此前印度史书还没有类似的记载。尤其是他坚持众生平等、向社会最底层的旃陀罗宣讲佛理，允许妇女皈依佛教，使佛教呈现出蓬勃发展的趋势。

“八十岁的释迦牟尼佛在一个共和民族末罗人的拘尸那的地方逝世。他留下临终遗嘱：生者必灭，你们努力前进，切勿放逸”（据潘尼迦的《印度史》）。

孔雀时代

公元前300年的中国还处在战国时期。东周尚在，周赧王执政；秦国正处在振兴时期；楚国有楚怀王，昏庸的一个君王，但楚国出了一位著名的诗人——屈原。

紧邻的希腊，随着亚历山大帝国的崩溃，从此一蹶不振；中东的波斯也崩溃了；而罗马则从一个城市共和国一跃成为拥有广大领土的世界强国；印度也新兴起一个帝国——孔雀王朝。

公元前330年，亚历山大征服了波斯帝国。他正在迫近印度边界，不久就征服了旁遮普区域。亚历山大在此建立起三个管区，交给印度人统治。

年轻的旃陀罗笈多借助亚历山大死后的混乱局势，找到了他所寻求的机会。

旃陀罗笈多是难陀王朝私生的后裔，当时在旁遮普过着流亡的生活，亚历山大的亡故给他提供了绝好的机会。旃陀罗笈多不失时机地带领他的军队赶走了亚历山大遗留在希腊的驻军后，在宗教导师和顾问的帮助下，又不失时机地攻击了难陀王朝的国王，建立了摩揭陀国，自立为君主。一个号称孔雀王朝的强大帝国就此诞生。

旃陀罗笈多逝于公元前296年，在位24年。旃陀罗笈多的孙子继承了旃陀罗笈多儿子的王位，他就是印度佛教引以为自豪的阿育王。

阿育王在位时，孔雀王朝不但富足强盛，而且国内也相当的和平安宁，但是他还是发动了一场战争。征服羯陵伽族的战事是残酷血腥的，这使阿育王的内心十分不安。他对战争中肆意的屠杀深感忏悔，认为克制自己才是唯一真正胜利的信仰。阿育王屡屡发布诰文，一方面向社会表示忏悔，一方面决心建立一个“法”的国家。阿育王意识到思想宣传工作的重要性不亚于军队发动的战争，他把诰文刻在帝国各处的岩石上，至今还留有清晰的痕迹。

阿育王的统治很有趣。他不但为保护鸟兽发布过禁杀令，而且对于王权也有独特的观念。在他看来，王权不是权力的化身，而是建立和平、善意和慈悲的工具。当然更令人惊诧的是他对宗教的开放态度。

阿育王无疑是一位虔诚的佛教徒，同时他也是当时印度教和其他宗教的呵护者。他对佛教至少有两个足以彪炳千秋的历史性功绩。第一是他不但自己皈依佛教，还促使佛教走出印度，在今天的斯里兰卡及东南亚生根开花；第二便是建立佛塔。据说他将佛陀的灵骨分成若干份，逐一建立砖塔供奉。阿育王时代的印度建立了多少佛塔已经无法统计，但是这种塔文化却一直流传到世界各地，包括著名的西安大雁塔。

当年玄奘西行天竺，带回来的除了佛经，还有印度的砖塔和雕塑文化。然而遗憾的是玄奘主持修建的大雁塔因为结构简单，仅仅五十多年后就坍塌了。现在的西安大雁塔是武则天委托一位来自户县的能工巧匠设计修建的。户县的这位能工巧匠非同一般，他不但给我们留下了一个屹立千年的大雁塔，还给我们留下许多轶闻趣事，其中就包括他和武则天的神秘关系。

孔雀王朝维持了150年后宣告结束，这是印度第一个统一的封建王朝。

印度佛庙

弘法要靠“三种人”

佛教的创始人是谁？当然是释迦牟尼了！释迦牟尼是谁？释迦牟尼是“释家族的贤人”。贤人也是人，不是神，连乔答摩也承认自己是人不是神。因为他有着常人的烦恼，有着常人面对杀戮所表现出的不安和惊恐。虽然乔答摩出身于当时印度比较显赫的刹帝利种姓，而且还是迦毗罗卫国净饭王的太子，并且在20岁前就已经结婚生子。可是，乔答摩的时代，古印度这块土地上战乱频繁，亡国灭族的惨祸，生老病死的痛苦和人体的丑恶，使乔答摩对人生有了厌倦情绪，他到处寻师访友，寻求心灵的解脱之道。尤其是亲眼看到“积尸如莽、血流成河”的战争景象和听到释氏五百妇女被残杀时含苦称佛的声音后，他对生活已经十分绝望。

他选择了出家！

而此时的印度各国，早已经开始有婆罗门教及其分支

“顺世论”“耆那教”等的传播，其中的沙门已经成为一支重要的宗教团体活跃于古印度的各个地方。尤其是“耆那教”的创始人尼乾陀·若提子，28岁双亲俱亡，30岁出家做沙门，专修苦行。在尼乾陀·若提子看来，世界的原本只有两个：“命”与“非命”。命的本质是一种绝对精神，一团意识。有“受业束缚的命”和“不受业束缚的命”两种形态，后者才是命的本原状态。“当命由于贪欲等原因，作出不符合耆那教道德规范的思想言行时，业就会包缠到潜藏于人体内的命中。犹如雨水通过漏房流到人的身上”。“为了超脱轮回，首要的是防止业漏到命上，这就需要把命保护起来，与业隔绝。”隔绝的方法叫“遮”，“遮”的方法就是严守耆那教的戒律，特别是关于禁止杀生的戒律。因为杀生所造的罪孽最大，所得的罪报也最大。要获得真正的解脱，必须设法消灭束缚命的业，这就叫“灭”。“灭”的方法是苦修行，苦行越烈，解脱越速。

这其实就是早期佛教的基本义理。

佛教就是在这些林林总总的古印度各国宗教活动的影响下开始形成自己的见解和义理的。据杜继文编撰的《佛教史》分析，早期佛教在释家族部族宗教的影响、土著文化的影响、反婆罗门教的影响和婆罗门教的影响后才逐渐彰显出自己的身影的。到了乔答摩时代，佛教已经在古印度传播了很长时间。乔答摩出家也是以云游的形式，博采众长，学习禅定的功夫。后来他对禅定产生了疑虑，主张以苦行发现真理。乔答摩从湿木不能摩擦生火、干木才能摩擦取火的自然现象中体会到，人身必须经过苦行，消除体液，才能悟出真理。这个时候乔答摩的生活大致就是：日进一食，身着鹿皮、树皮，睡在牛粪或荆棘上。他形同枯木，摇摇欲坠，并没有悟道成佛。于是他开始净身进食了。有一次他坐在毕钵下沉思默想，忽然悟出了一个道理，这个道理就是著名的“四谛”。从此以后，乔答摩才被称为佛陀。佛陀的梵文意译就是“觉悟者”。乔答摩自他35岁在菩提树下悟道成佛后，首先赶到婆罗奈城郊的鹿野苑，寻找到当年和他一起出家的五个侍从，向他们讲述“四谛”之理，结果讲了两遍，五个人似乎还不甚理解，乔答摩于是又讲了一遍。后人将此称为“三转法轮”；五个侍从也被称为“五比丘”。这时候的乔答摩，生活已经很有规律了。他五更即起，坐禅静思；临近中午，外出乞食，接着又坐禅沉思，黄昏才为弟子讲经。一年中除了三个月的雨季不能外出，大部分时间都在各地云游弘法传道。表面上佛陀传道的过程很规律也很浪漫，其实他所经历的艰难困苦一点都不比苦修时少，有时候简直可以用殚精竭虑来形容了。

尽管如此，他仍然遭到包括他的亲兄弟在内的不同教派的怀疑和指责。尤其是乔答摩的堂兄弟提婆达多就曾对乔答摩的义理提出不同的看法，并拉拢了一部分人另立山头，分裂了本来就很不稳定的僧团组织。尽管这一段历史没有确切的记载，但是提婆达多所提出的一些修行方法却流传了下来。比如他提出僧众只能持钵乞食，不得到施主家中就餐或者自做餐；只能露天住宿，不得居住房舍；只能素食，不得茹荤；只能着粪扫衣，不得接受布施的衣服，等等。一直到今天，这些戒律中的一部分还在东南亚和中国南方部分地区流行。乔答摩和提婆达多为弘扬佛法，兄弟反目当是极有可能的事件。

乔答摩不但遭到堂兄弟的反对，他在世时和去世后，还一直遭受着来自各个教派的质疑。甚至在佛教僧团内部也存在着尖锐激烈的派别之争，分歧和分裂的状态十分严重，以至于已经影响到佛教的正常传播和生存。为此，佛教曾经有过三次大集结，目的在于统一思想，力求各派捐弃前嫌，把认识和行动统一起来。但集结来集结去，并没有解决佛教的争议问题。相反还在第二次集结后，也就是乔答摩逝世大约100 年后，出现过一次猛烈地碰撞。结果是：佛教由此开始分裂为“上座”和“大众”两部，历史上也叫小乘佛教和大乘佛教。

如果不是佛陀当年在传教的过程中有着超乎寻常的英明举措，估计佛教早在传入中国前，就可能因为内部的争斗而销声匿迹了。

那么佛陀在传教的过程中有过哪些英明的举措呢？说出

来今天的人也许不大相信。早期佛教向社会宣教的主要对象就包括：第一是商人；第二是王族；第三是知识分子。

佛教最初的居士弟子中给予佛教有力支持的就是著名的给孤独长者，一个家财万贯的大富豪。给孤独长者曾经购买了一座园林赠送给僧团，并在园中建筑居宅供佛陀使用。早期佛教活动的两大中心孤独园精舍和竹园精舍，都是巨商施舍的。据此我就想，任何的宗教组织，都是由人操办的，既然要由人操办，就必然有一个经费的问题。没有钱，对于任何人、任何宗教都是问题。写到这儿，我才深切地感受到当今佛教寺院为什么有的总是忙于和老板建立联系，这样做并不能简单地归结为趋炎附势。任何地方，只要有人吃饭、有人穿衣、有人住房、有人活动，就离不开一样东西：钱。谁有钱谁就是座上宾，这或许也是一种新常态。

佛陀倚重的还有刹帝利王族。释迦牟尼之前的佛教，也一样把王族视为佛教的“外护”，而对佛陀的传教给予有力支持的是各个不同国家的国王，包括功盖千秋的阿育王。阿育王对内实行“达磨治国”，其实就是“依法治国”，晚年则皈依佛教，大力支持佛教的发展，但是各位切莫误解，阿育王支持佛教，也支持其他宗教的发展。而他支持佛教并不是盲目的不论派别一概支持。他感兴趣的只是那些能帮助他维系统治的佛教僧团及所宣扬的义理。阿育王支持佛教最主要的方法就是供养僧侣和建立佛塔。据说他每一天在鸡园寺供养的出家人就有上万人之多。上万人一天要吃的粮食就有五吨多，吃的蔬菜就有十吨以上，而上万人一天产生的垃圾也会有七八吨，仅仅上厕所一项，上万人就需要蹲坑或者便池上千个，相当于数十个一百平方米的公共卫生间。而另一项工程则更加令人瞠目：阿育王把佛陀的八万四千份舍利分送各地，要求以此筑建佛塔进行安置。到阿育王去世时，据说他所统治的国家已经佛塔林立，并且正向国外扩展。

由此我们大致可以看出，古印度佛教的大发展就是在阿育王时代，佛教走出印度向世界传播也是在这个时代。孔雀王朝衰落是在公元前 187 年左右，此后印度进入到类似于中国魏晋南北朝时期的分裂状态，一直到公元 320 年笈多帝国的建立。期间印度还经历过巽迦王朝时期（约前 180 - 前 75），之所以强调巽迦王朝，是因为这个王朝曾经大举毁佛，佛教在这个时期分化成南传和北传两大系统。中国的佛教就是在这个时期开始立足并逐渐形成燎原之势的。

其实纵观中国的佛教发展史，也有同样的规律可循。没有帝王的支持，佛教就不可能得到长足的发展；而帝王的态度在很大程度上取决于佛教对统治者的利弊得失。历史上四次较大的灭佛运动，都是佛教直接危及到帝王的统治。而更多的帝王崇佛佞佛，则是因为他们深感佛教对其统治有很大的帮助。民间从来都不可能有这样的威势决定佛教的兴衰。所以，当佛教来到中国，高喊着“沙门不敬王者”时，就遭到佛教内外一致的批评，认为这句口号显得太幼稚，果然不久就没有人再喊了。

佛教所看重的信众群体还有知识分子。尽管佛教不论出身，不分贵贱，但文盲信教，没有人反对，也没有人感兴趣，而知识分子就不同了。首先，佛教的经籍终归要有人译出，这本身就是文化人的事情；其次，佛教经籍终归要有人诵读，同样离不开文化人；第三，把晦涩的梵文译成中文，并且根据大意编撰出适合自己的经籍，离开了文化人一样都做不到。仅此三条，就足以说明佛教为什么如此钟情于文化人了。

有道是知识决定命运，佛教也一样适用这一句至理名言。

读一读佛教的历史，我们就不难看到，我们所敬仰的佛陀，其实很多的做法和想法与普通人并不二致。说明什么？说明佛陀是人不是神。所以当今社会上所普遍存在的嫌贫爱富的现实，并没有值得批评的地方。任何一个社会形态，都将必然是富者受人尊敬，穷人受人鄙视。佛陀当年对待信众虽然不曾鄙视穷人，却十分尊敬富有的人。据说为了接受供养，佛于垂暮之年，游至毗舍离国，即欣然接受一名妓女的供养。这名妓女很有钱，不但给佛陀供养上馔、宝衣，还供养了一座毗舍离城中景致最胜的园观。佛将这位名叫“庵婆婆梨”的妓女命名为“优婆夷”。“优婆夷”在印度是个什么名号呢？且听我告诉你：这是梵文 Upasika 的直译，指的就是在家信佛的女子，俗称居士。

所以说，世间鞋袜有样子，事情没有样子。任何事情都不要单凭印象或者固化的观念看待与评价。

我们大致了解了佛教初期在印度的一些状况，对佛教也不必抱有神秘的观点，他就是一个宗教，一个被很多中国人所信奉的宗教。佛教有发展，也有停滞；有辉煌，也有憋屈；有视钱如粪土的时代，也有爱钱的时代，而爱钱的时代还源远流长。如果有人故意把一门宗教神秘化，估计就有不可告人的目的了。任何神秘的东西，其实都只是一张纸的遮挡。越是神秘，越是见不得人。比如研制的原子弹，很神秘，却给人类社会带来巨大的潜在性危害。神秘往往有见不得人的勾当！

新加坡印度教神庙

走出去与请进来

佛教何时从印度传入中国？几乎所有的关于佛教的书，包括历史的，现在的，都说佛教于两汉时期从古印度传入中国。谁把佛教带到中国？从哪条路线传到中国？却并无明晰的可靠的史书记载。现代人编撰的佛教史或者佛教书籍，所依据的史料无非就是二十四史及佛、道两教的历史记录，其中很多东西一直存在着争议。

古代印度和以中原为核心的古代中国各个朝代并没有接壤，广袤的中国西部和南亚之间屹立着诸多的游牧民族所建立的国家。佛教正是通过这些国家间接地传入华夏的，而传入的路径则大多和丝绸之路有关。

相对较早的佛教传入就是所谓的“伊存口授”。事件大致是这样的：

公元前三世纪，中亚和南亚次大陆诞生了一个新的国家，司马迁的《史记》称其为大夏。大夏据说是希腊人建立的国家巴克特里亚。到公元前一世纪初叶，大夏被大月氏征服。大月氏原本就是世居在我国河西、祁连山一带的游牧民族，曾经于公元前174年被匈奴老上单于打败。老上单于杀了大月氏的国王，把大月氏国王的头颅制作成饮器。大月氏人恨透了匈奴，但苦于力量单薄，并一直被包括匈奴在内的一些游牧强国驱赶。

弱小的大月氏积极图谋强国之策，经过近百年的东奔西突，逐渐壮大了自己。自征服大夏后，大月氏已经成为中亚和南亚次大陆一个强悍的国家。大月氏的扩张，对中亚及南亚次大陆的民族融合产生了极大的推动作用，包括佛教，都是先在大月氏开始崇信，后来才逐渐传播到中国内地。据说就在公元前二年，大月氏王使伊存口授《浮屠经》给西汉的博士弟子景卢，这是《三国志》的一条注释中的故事。这个故事的意义就在于他是记载佛教传入中国内地的最早的权威性记录。

与此同时，另一个由伊朗人在此建立的国家安息国也曾是横跨小亚细亚、叙利亚、巴勒斯坦的强大国家。安息国曾经也笃信佛教。在今天阿富汗西部迦尔拉巴特盆地的安息旧址上，考古工作者已经发现曾建于公元一二世纪的佛塔遗址。公元148年，传为安息国太子的安世高，游学至洛阳，开始系统地翻译佛教经典为汉文。这是中国有史记载的第一个佛经译者（见杜继文编撰的《佛教史》）。

我国新疆维吾尔自治区有一个和田县，公元前一世纪曾经是古代于阗国。因位于古代丝绸之路途经的重要驿站，所以经丝绸之路将佛教自古印度传至于阗，由于阗再传到中国内地。《洛阳伽蓝记》记载，传佛法到于阗的西域僧人名字就叫毗卢折那。由此判断，印度佛教传到中国，大都经过西域传来，而西域这些地方在历史上大部分都是一些小国的地盘。佛教就像一场接力赛中的接力棒，从印度开始，经过西域各国，再传到中国内地。这样的传播方式并没有系统化、规模化，或充其量只是一些零碎的佛教经籍的传授与扩散。

在不同的《佛教史》或者《中国佛教史》中，还有不少天竺人来到中国内地传经布道的故事，其中就包括翻译家迦叶摩腾和竹法兰及所翻译的《四十二章经》，此经被公认为传入中国最早的一部佛经；翻译家昙摩伽罗及所翻译的《僧祇戒律本》，奠定了中国佛教戒律之基础；翻译家僧伽跋摩于白马寺译出《郁伽长者经》两卷，《无量寿经》两卷；沙门帛延于白马寺译有《首愣严经》等。三国时期还有译经家康僧会及支谦、支谶、支亮，其中支谦曾在东吴居住三十余年，译出《维摩诘经》《太子瑞应本起经》《大明度经》等。西晋时期的译经家竺法护，曾携带大批胡本经典到中原，不但长期从事译经工作，而且还常住长安传经布道，时人称之为敦煌菩萨；龟兹国王子帛尸梨密多罗也来华译出《孔雀王经》。

帛尸梨密多罗不当帝王出家为僧，深得当时西晋名流王导赞赏，社会贤达争相与其结交；西晋末年，天竺神人佛图澄（232－348）以神异之功来华传道，于西晋怀帝永嘉四年（310）至洛阳。当时佛图澄已经79岁高龄，又恰逢永嘉乱起，佛图澄不忍生灵涂炭，以能预测未来的奇异功能镇服石勒，稍敛其焰；鸠摩罗什则是后秦姚兴“请来”的西域和尚。他在长安草堂寺所译经籍，包括《中论》《百论》《十二门论》《般若经》《阿弥陀佛经》《维摩诘经》《十诵律》等。中国佛教，由鸠摩罗什而面目一新；另一位佛驮跋陀（359－429）在罽宾（今克什米尔）巧遇后秦僧人智严，在智严的邀请下，佛驮跋陀来到中国，译出佛教具有里程碑意义的《华严经》。

西行求法的中国僧侣，在东汉末年已经涌现。曹魏甘露五年（260），中国第一代僧人朱士行在洛阳讲经时发现经文不完整，于是就奔赴于阗取经。朱士行在于阗得到完整的《放光般若经》梵本。他让徒弟带回内地，自己圆寂在于阗。

朱士行是第一位奔赴西域取经的中国人。

一百多年后又有一位中国僧人法显从长安出发，先后到达天竺和狮子国（斯里兰卡）求得系列佛经。

早期佛经《四十二章经》的序文中有一个汉明帝梦见神人的故事。“昔汉孝明皇帝，夜梦见神人，身体有金色，项有日光，飞在殿前，意中欣然，甚悦之。明日问群臣，此为何神也。有通人付毅曰：臣闻天竺，有得道者，号曰佛，轻举能飞，殆将其神也。于是上悟。即遣使者张骞、羽林中郎将秦景、博士弟子王遵等十二人，至大月支国，写取佛经四十二章，并于洛阳建寺。”

据此可知，西汉初期的中国还没有佛教的传入，到了东汉前期，佛教也仅仅以译经的形式开始出现。佛教的传播在当时并非一件了不得的事情，那个时代来华传经的天竺僧人犹如一个个访问学者，没有谁把他们当成一个宗教团体。甚至于很多人听到佛教这个名字时，还真的把佛教当成了胡教，把佛教教义当成了黄老之学，把佛陀当成类似于神通广大的神仙一样。袁宏的《后汉记》中就有关于当时佛教的记载，认为佛教“专务清静”，“息意去欲，而欲归于无为也”。佛的形象则是：佛身长一丈六尺，金黄色，项中佩日月光，变化无穷，无所不入，故能通百物而大济群生。东汉恒帝时期，有襄楷曾经上书给皇上说：“又闻宫中立黄老浮屠之祠，此道清虚，贵尚无为，好生恶杀，省欲去奢”（见《后汉书·襄楷传》）。由此看到，当时的人们，把佛教与黄老道家混为一谈了

到了三国时期，情况就不一样了。各地开始兴建寺庙，用铜铸像，用金涂身，甚至还建起可容纳三千人的重楼阁道，诵读佛经。“每浴佛，多设酒饭，布席于路，经数十里，民人来观及就食且万人，费以巨亿计”（见《三国志·吴志·刘

繇传》)。

三国时期是历史的中国分裂最为严重的时期之一，群雄蜂起，战乱不息，经济崩溃，瘟疫肆虐。统治者为争权篡杀成瘾，军阀们为夺地屠戮成性。老百姓已经谈不上过日子，连保命都成了大问题。曹操在他的《蒿里行》中这样形容当时的情景："铠甲生虮虱，万姓以死亡。白骨露于野，千里无鸡鸣。生民百遗一，念之断人肠"。在这种情况下，佛教的慈悲，佛教的安慰，就成为百姓们唯一可求的精神寄托。尤其是佛教的厌世主义，六道轮回和三世报应说，使陷于绝境的中国老百姓的精神得到莫大的抚慰。这样的社会背景下，他们不信佛还能信谁呢？"社会苦难的加剧必然会促成宗教的兴旺，这是历史的必然"（见牟钟鉴的《中国宗教与文化》)。

动乱的社会，也使儒教陷于尴尬的境地。社会上所出现的玄学思潮，也与佛教的苦悲人生、虚无倾向有相通之处。崇尚黄老的一部分士大夫阶层对佛教并不反感，甚至还有借鉴融通的动因。凡此种种，都使佛教的发展面临绝好的机遇。

所以说社会的形态往往决定人们生活的价值取向。佛教之所以能在中国的魏晋南北朝时期得到快速发展，与当时的社会动荡有着直接的关系。借用毛泽东一句哲学名言：事物的发展有内外两因。佛教义理是其内因，而社会动荡则是外因。两者相合，就给佛教的发展提供了肥沃的土壤。

早期佛教传入中国，若没有中国人的欣赏和抬举，也是很难发展的。曾经有人说，佛教与其说是从印度传来的，不如说是我们中国人请来的，这种观点不无道理。

因为至少在唐玄奘之前，就有汉明帝派遣张骞、秦景、王遵等十二人西去大月支取回了《四十二章经》；魏时沙门朱士行西渡流沙，得正品梵书胡本九十章，六十余万言；晋武帝时沙门竺法护随师制西域，遍学三十六种语言与经书，从敦煌到长安的几千里路途上沿路传译；晋末宋初，西行求法的人就更多了，最著名的当属法显。他走遍西域各国，历时十五年，终于把佛经带回中国。在户县草堂寺译经的鸠摩罗什也是被前秦通过武力请到长安的。

当佛教经籍在中国开始大量被传译后，首先在士大夫阶层引起高度的重视和迎合。尤其是经过中国儒家改造后的佛教，早已经从黑道的名单上抹去了，代之以白道的色彩，开始在中国堂而皇之地传播起来。

大兴善寺大雄宝殿供奉的弥勒佛像

大唐盛世与佛教

公元618年，李渊和他的几个儿子借农民起义的东风，仅以数千兵力，其中还包括一部分“和尚”兵，一举拿下长安，建立了中国历史上又一个封建王朝——大唐王朝。

李渊虽然收编了2000多名和尚为他打江山，但在对待佛道的问题上，并没有把佛教当回事。他出身贵族，却不是望族，占了长安后，面对政权的合法性问题，他自有自己的盘算。因为李渊也姓李，于是就打起了道教的主意。李渊跟道教的始祖李耳攀上了亲戚。在当时的社会舆论看来，既然人家是老子的亲戚，而且也是隋朝唐城的首长，这一次天下大乱，又先下手为强，举兵占据了隋朝的首都长安，建一个唐朝也就顺理成章了。

大唐王朝就这样在舆论上为自己开始奠定江山的根基。到李世民执政后，道教和佛教就像两个宫廷里的丫鬟，跟随在帝王的身后争宠，一会儿你风光，一会儿我受宠，度过了道、佛二教相对辉煌的三百年。期间有三个人与佛教的关系最为密切。

唐太宗与翠微寺

唐太宗没有接班前，他率军围击盘踞在洛阳的王世充，就曾写信联合嵩山少林寺的和尚帮助他。

玄武门兵变杀了兄长李建成当上皇帝后，李世民对佛、道二教一直保持着不亲不疏的微妙关系。因为他经历过隋代的腥风血雨，亲眼看到佛、道二教在社会稳定方面所扮演的重要角色。隋末的农民起义，开始时就是由沙门首先发起。公元 610 年，弥勒信徒发起了突击端门事件；大业八年（612）陕西凤翔沙门向海明聚众数万人的事件；河北唐县宋子贤也以“弥勒出世”聚众暴动。这些事件对后来大规模的农民起义是具有直接的引导意义的，所以李世民在位 24 年，对待佛教一直采取比较恭敬的态度。虽然他曾经把道教排在佛教之前，但是他以政治家的独到眼光，对佛教采取了相对温和的安抚姿态和有限扶持的态度。

李世民执政后所面临的第一个宗教上的棘手问题就是佛道之争。

621 年太史令傅奕上表斥佛，太宗即位后傅奕再次上书贬佛，佛教高僧释慧净著《析疑论》严加驳斥。一时间朝野议论纷纷，都在观察皇上的态度。贞观十一年（637）李世民表态了。他说：“朕之本系，起自柱下。鼎祚克昌，既凭上德之庆；天下大定，亦赖无为之功”。李世民这几句话中有一句“起自柱下”，一般人看了可能会觉得莫名其妙。在此我简单做些介绍。老子曾被周武王封为柱下吏。柱下吏其实也不是多大的官儿，相当于今天领导的秘书，记事而已。不同的是老子记录的是周武王的政事，而且他还可以靠着柱子坐。周礼规定一般官员只能席地而坐，是不能靠柱子坐的，柱子在周代是权力的象征，能靠在柱子上，也是一种政治待遇。李世民的意思是说他的家族源于老子。根据李渊、李世民父子的逻辑，今天姓李的朋友都该风光了，因为姓李，就是老子的后代或者亲戚。

从这几句话可以看出，李世民心里对道教还是很看重的。于是他将道佛二教的顺序定为道先佛后，虽然沙门弟子不满，但慑于皇帝的淫威，也就偃旗息鼓了。当然也有个别不识时务的，像和尚法琳就不顾“大局”，撰写了一本《辨证论》，把矛头对准道教师祖老子，结果被人告密，太宗还算克制，“推问”法琳，沙汰僧尼，把法琳流放益州。

唐初的佛道之争，其实就是为自己争取发展的空间，真正在义理上的争论并无多少实质的意义。可是在朝廷看来，两家的争论势必给社会舆论带来混乱，进而就可能影响到社会的稳定。虽然朝廷在一定程度上抑制了佛教，但总体的政策还是比较温和的，这对后来佛教的发展至关重要。

唐太宗的政局趋于稳定后，就有时间仔细琢磨佛道二教，这时候他开始对佛教采取比较欣赏的态度了。贞观十五年（641），唐太宗亲临弘福寺，表面上是为太穆皇后追福，实际上他已经从心里开始崇佛。据说他手制愿文，自称菩萨戒弟子，斋供财施，“以丹诚皈依三宝”。太宗还深怀歉意地向寺僧解释当初把道教排在前头，也是不得已而为之，甚至许愿说：“若释家治化，则释门居上”。

这时候，太宗已经是佛门弟子了。当私赴国外求法的玄奘从印度回来后，太宗并没有按照律例对玄奘惩罚，而是急不可耐地下诏，让玄奘日夜兼程赶到洛阳见他。

晚年的唐太宗对佛教已经爱得很深，当然对道教也趋之若鹜。不然，太宗就不会因为“误服”金丹，把年轻轻的宝贵生命给断送了。假如太宗能活到康熙的年纪，中国的历史就可能重写，毕竟“贞观之治”因他而起。

今天我们从沣峪南行十余里，往东有一条小路，沿着这条环山小径步行大约一个小时，就到了黄峪寺村。现在的黄峪寺村坐落着一个小学，十几户村民生活在一棵已经千年的皂角树下，平静而又安逸。可是在盛唐时期，这儿曾经建立起一座规模宏大的皇家宫闱——翠微宫。唐太宗曾经就在翠微宫里避暑、养病、议事、办公。

贞观二十三年（649）四月的一天，玄奘奉命来到翠微宫，太宗托病与玄奘深谈了一个下午，他预感到自己的生命已经不多，后悔与玄奘相见太晚。他委托玄奘把从印度带回的佛教经籍认真翻译，为弘法事业做出贡献。第二天太宗就驾崩在翠微宫的含风殿里。

此后的翠微宫逐渐冷清。直到一百五十多年后的公元806年，翠微宫才降为翠微寺。

2009年我到黄峪寺村，在村民的山墙上，歪歪斜斜地涂写着唐代诗人刘禹锡描写翠微寺的诗文："翠微寺本翠微宫，楼阁亭台九十重。天子不来僧又去，樵夫时倒一株松"。历史演绎千年，青山依旧，物是人非，令人唏嘘不已。

武则天与《大云经》

（一）

大唐王朝自李渊开始，算上武则天，先后有二十一位皇帝，历时二百九十年（618—907）。

武则天曾经废唐立周，统治了15年（690—704），要不是男权社会的惯性，大唐江山早在690年就丧失了。只可惜武则天传来传去，他的儿子都姓李。

太史令傅奕在隋朝时曾经是道士，他第一个站出来反对佛教。傅奕反佛，首先在舆论上选择制高点。他把魏晋以来反佛者的事迹编辑成一本名为《高识传》的书广为散发，李渊登基后，他又屡次上疏，请求罢除佛教。高祖召集群臣商议，只有太卿张道源支持傅奕的观点，其他人都一言不发。长安济发寺和尚法琳站出来据理力争。眼看着佛道两派争得面红耳赤，李渊采取了折中的办法，下诏限制佛寺道观，京师只留佛寺三所，道观一所。佛道二教都受了伤，这才偃旗息鼓，不再相互埋汰了。

李世民上任前以秦王身份围攻洛阳王世充的时候，就曾给少林寺写信要“护持正谛”“化阐缁林”“开八正之途，复九寓之迹”。上任后对待佛教的态度，用“温馨”二字形容当不为过。

比如李世民看到市场上买卖佛道二教供奉的神仙塑像，在他看来就是不敬。理由是：卖者唯恐价格便宜，买者唯恐价格太贵，对神圣的神仙尚且讨价还价，平时还能尊佛信道吗？

再比如他不但不按大唐律例惩治偷渡越禁的玄奘，而且还大加褒奖。不但敕令玄奘住在弘福寺译经，而且还亲赐《瑜伽师地论》，也就是今天广为流传的《大唐三藏圣教序》。由于李世民的扶持，佛教自唐至宋，都一直平稳发展。

正是在李世民的影响下，皇宫里也形成了浓郁的崇佛之风，包括14岁被选入宫、名字叫“曌”的那个小女孩，据说起这个名字，就是要在将来像明月一样当空照耀。果然一语成谶，“曌”后来的人生堪比一场触目惊心的电视剧。

（二）

《辞海》对“曌”的注解是：武则天自制的十九个字之一。武则天能为自己起这样一个别具一格的名字，足见她的才识非同一般。有人曾经以“黠慧”形容武则天的品性。“黠慧”这个词儿褒中有贬，以贬为主。“黠”字形色从黑，就有“内心险恶、擅长耍小聪明”之意了。

武则天曾经是唐太宗的才人。才人是封建妃嫔的称号，在宫官里属正四品，身份不低，但一直未被太宗宠幸。太宗驾崩后，依照惯例，妃嫔统统削发为尼。但“黠慧”的武则天早有准备，她已经和太子李治对上了媚眼。当武则天被发配到长安感业寺（也就是今天的未央区感业寺小学校址）削发为尼、面壁修佛时，新上任的皇帝唐高宗李治来到感业寺上香。他“偶遇”武则天，两人互诉离别后的思念之情，高宗允诺将武则天再招回宫里。

永徽二年（651）因无子而失宠的王皇后对高宗的行迹看在眼里，为打击政敌萧淑妃，她主动“建议”将武则天纳入宫里。

几个月后，高宗的孝服刚满，就急忙把武则天招入宫，这一次她的肚子已经大了。谁的种？估计天下人都知道。

652 年 5 月，武则天被拜为昭仪。昭仪也是封建王朝宫廷妃嫔的一种名号，早在西汉元帝时期就有了，其尊相当于丞相。

这时的武则天离皇后之位只有一步之遥了。以她的“黠慧”，王皇后估计不是她的对手。

仅仅三年后的 10 月 13 日，唐高宗就下诏：以阴谋下毒之罪名，废王皇后和萧淑妃为庶人，并加囚禁，她们的父母、兄弟等也被削爵免官，流放岭南。七天以后，李治再下诏：立武则天为后，对持反对态度的老臣也采取打压的态度。个别“不识时务”者，如褚遂良等，被撵出了京城。

武则天被立为皇后不久，李治准备发兵高丽，被武则天劝阻。此后李治的一举一动，都要听取皇后的意见。

以李治治国安邦的能力，并不见得比武则天高明多少，听取武则天的意见，其实也未必不是一件好事。但是，人一旦身居皇帝之位，就不想受任何人的约束。麟德元年（664），李治已经深感来自皇后的压力，于是便悄声让宰相上官仪起草废武诏书。不曾想墨迹未干，消息就走漏了。从这时起，大唐王朝便出现李、武同朝办公的千古奇观。667 年李治久病不愈，遂命太子李弘监国。监国就是代替君主管理国事。李弘就是武则天在感业寺所怀的那个孩子，此时他才 16 岁。

从公元 667 年到公元 683 年的十六年中，基本都是武则天主理朝政，因为十六年间，太子已经三次易位。第三次担任太子的是武则天的第三个儿子李显，史为唐中宗。李显是在李治的灵柩前即位的，他同样要听皇太后的，否则，武则天一巴掌就会把他撸下皇位。年轻气盛的李显打算任命韦皇后的父亲韦玄贞为侍中，宰相裴炎劝阻他。李显说："朕即使把天下都给韦玄贞，又有何不可呢"？武则天听了李显的话，一纸文件就把他从皇位上连降三级，废为庐陵王。第四子李旦成了大唐王朝的第五位皇帝——唐睿宗。

（三）

唐睿宗被废也是预料之中，这是公元690年的事情。武则天把国号改成"周"，自称"则天金轮皇帝"。有人说，武则天是中国历史上第一位女皇帝，此话当真。因为无论是早期的吕后，或是晚期的慈禧，虽然都当过实际的皇帝，但都是在幕后操作，并不曾揭开帘子走到前台来。而武则天当皇帝，虽然早已经"水到渠成"，但以她的"黠慧"，还是做了一番缜密的功课的。

她没有忘了佛教能给她帮忙。

武则天立国前几年（689），有以昙慈为首的沙门十人伪撰《大云经》表上之。武则天收到这部《大云经》后，立即"制颁于天下，令诸州各置大云寺，总度僧千人"。原来这部《大云经》里就有关于女皇受命登基的谶语："九月九日，壬午，革唐命，改国号为周，改元为天授，大赦天下，赐酺七日”（见《旧唐书》）！

继颁布《大云经》不久，又有印度僧人菩提流志（562—727）译《宝雨经》十卷，经文里有这样一段话：“尔时东方有一天子，名日月光，乘五色云，来诣佛所。佛告天曰：以是缘故，我涅槃后，最后时分，第四五百年中，法欲灭时，汝于此赡部州东北方摩诃支那国，实是菩萨，故现女身，经于多岁，正法教化，养育众生，犹如赤子，令修十善，能于我法广大主持，建立塔寺，又以衣服、饮食、卧具、汤药、供养沙门”（引自弘学《中国佛教史》）。这一段经文，其实就是为武则天当女皇做铺垫。因为任何一个无缘无故要废除前朝名号、自立为王的人，都可能遭到朝野的质疑和反对。武则天有了《大云经》和《宝雨经》做后盾，当皇帝的底气就足了。但是，稍微有点佛教常识的人都明白，这两部经文，其实就是武则天串通有关人士蓄意捏造的，或至少在关于上列引文中有臆造的可能。一部印度佛经，怎能预知五百年后的中国将要出一位女皇菩萨呢？

事情远没有如此简单。

据说《大云经》的幕后造作者和一位名叫薛怀义的人有关。

（四）

薛怀义是谁？武则天时期的一个僧人。薛怀义（662—

694）原名冯小宝，终南山下户县人氏，早年曾在洛阳做小买卖，因为能说会道，且身材魁梧，相貌堂堂，被一个大户人家的侍女看上了。和侍女幽会不久，就被人介绍给武则天，武则天一看眼前站着的这个小伙居然如此气宇轩昂，于是留在宫里侍用。她还给小宝起名薛怀义，让小宝削发为僧，以便随时出入宫禁。

赐小宝姓冯姓为薛姓，也是为遮人耳目，让冯小宝跟随太平公主的丈夫薛绍以叔侄关系往来。

至于薛怀义和武则天的关系，野史与正史说法不一，但有一点可以证明他们俩的关系非同一般。当得知某御医也深得武则天宠爱时，薛怀义竟然醋劲大发，把刚刚建好的一座“天堂”一把火给烧了。武则天得知后，不但没有按照唐律严惩薛怀义，而且还网开一面，继续让薛怀义担当明堂的监工。想想看，哪有仆人吃主子醋的道理？除非两人有床笫之欢，奴才已经把主子当成了情人。再想想看，哪有犯法不被追究责任的人，除非此人和执掌大权者关系特殊。

特殊确实特殊，武则天要当皇帝，薛怀义就笼络僧人起草《大云经》，因为这一篇经文里参杂着女人做国王的经文。明眼人一看便知，这是蓄意制造的经文，目的很清楚，就是为武则天废唐设周制造舆论。这种事只有“同床修行”的人才能做到，才能做好。薛怀义也得到武则天的回报：他成为武周建国的功臣，官拜正三品的左威卫大将军。这时的薛怀义已经成为周武王朝炙手可热的大红人了。

且看：他要在洛阳建一个白马寺院，武则天照准，拨了银子不说，还特命薛怀义担任监修。

自薛怀义担任白马寺住持之职后，白马寺的和尚就开始飞扬跋扈了。洛阳人一见到白马寺的和尚，就远远的躲避。

688年武则天拆了乾元殿，要在乾元殿遗址上建明堂，薛怀义担任总监工；

武则天要铸造出一尊高九百尺的超级大佛，薛怀义仍为监工；

甚至连征讨突厥这样的军国大事，武则天也委派薛怀义担任行军大总管。据说这次薛怀义很幸运，没有遇到突厥，于是在单于台（即今呼和浩特市西）刻石记功后返回。武则天加授他辅国大将军，进右卫大将军，改封鄂国公、柱国，赐帛两千段。

有一段时间，武则天让当朝宰相给薛怀义做幕僚，朝廷大官见到薛怀义，都要毕恭毕敬叫他“薛师”。

也有不买账的硬汉。宰相苏良嗣在朝堂上碰见薛怀义，薛怀义大摇大摆等候苏良嗣主动给他打招呼，苏良嗣二话不说，下令手下把薛怀义扇了几十个耳光。薛怀义肿着脸到女皇面前告状，武则天也无可奈何地说：阿师当从北门出入，南衙是宰相办公之地，不可轻易往那里去。

多行不义必自毙，这是千古不变的真理。薛怀义终究在他风华正茂的好年月丢了脑袋。关于他的死，史书上有多种猜测。以武则天的做派和气量，薛怀义应该是武则天所杀，或至少是武则天授意别人杀了薛怀义。不然的话，谁敢贸然杀一个女皇的“爱卿”呢？

（五）

对待佛教和其他的和尚，武则天还是彬彬有礼、相当热情的。她委派专人到于阗找到实叉难陀，连同梵文《华严经》一起带到大唐。译经寺院就在遍空寺内，武则天亲临现场，挥笔首提品名。这部由武则天主导翻译的《八十华严》对我国佛教、尤其是华严宗有着非同一般的影响。

与僧人交往也很真诚，尤其对禅僧神秀相当尊敬。她把据说已是九十五岁高龄的神秀迎请到京，已经黄袍加身的女皇武则天居然俯身下跪，殷殷问道。神秀向武则天推荐了六祖慧能，她连忙派人去请。六祖慧能托病不出，仅把袈裟呈献给女皇。武则天不但不加责怪，还非常喜悦，把慧能送的袈裟置于道场供养。

武则天虽然贵为女皇，但她也有她的难处和心病。这皇帝的位子总归不能长久，谁来接班呢？她不知苦思冥想了多长时间，深为自己一介女身而遗憾。据说，有一次武则天把五祖弘忍的弟子智诜招入宫内，女皇在大殿上问智诜：下世能否转男身？智诜不答话，只是翻跟头，并将“男根”露出。卫士及大臣欲斥责智诜不敬之罪，却被则天阻挡，则天只是含笑点头，并无怒气，只有她理解智诜的意思。智诜临走时，武则天还将慧能呈奉的达摩袈裟赠给了他。

韩愈与《谏迎佛骨表》

唐代诗人中，与韩愈同一个时代、又联系紧密且都很出名的诗人，至少有三位，其中一位是著名的诗人兼散文家柳宗元，一位是“苦吟型”诗人孟郊。柳宗元比较崇佛，却对道教有很深的成见；孟郊既不佞佛，也不佞道，却为作诗苦吟了一辈子。尤其是他在仕途上的坎坷，折射出一代又一代中国文人的无奈和心酸。

孟郊比韩愈大17岁，但孟郊比韩愈的运气差了很多。他先后两次应试都名落孙山，在母亲的催促下第三次应考，终于进士及第。这位“夜学晓不休，苦吟鬼神愁。如何不自闲？心与身为仇。”的苦吟派诗人终于扬眉吐气了：“春风得意马蹄疾，一日看尽长安花”！了解中国封建时代文人的必然归宿，就不难理解孟郊的心情。那个时代的知识分子除了做官，就是种地了，而做官的途径就是考试。只可惜孟郊的官运不是很好，直到及第四年后的公元800年，才谋得溧阳县尉之职。

韩愈不同。韩愈24岁就荣登进士第，34岁时已经担任国子监四门博士之职了。期间韩愈几升几降，升则因为能力超群，降则因为口无遮拦，自己给自己找麻烦。

贞元十九年，也就是公元 803 年，京城所在地陕西关中遭遇大旱，驰野枯萎，灾民成群，饿殍遍地，呼号连天。时任监察御史的韩愈心急如焚，京兆尹李实却充耳不闻，甚至还封锁消息，上报朝廷说关中粮食丰收，百姓安居乐业。韩愈怒上《论天旱人饥状》！结果呢？有皇帝身边的奸臣说他无事生非，造谣惑众，给盛世大唐抹黑。韩愈从监察御史之位被贬至县令之职。

但最令韩愈惊心气恼的一次贬官是在元和十四年（819）的正月。这一年京城长安将要发生一件震动全社会的大事件：唐宪宗派使者去凤翔迎佛骨。

据《新唐书》记载，迎奉佛骨在大唐王朝三十年才一次，旨在“岁丰人和”，“干戈平息”，“国泰民安，风调雨顺”。长安城内沿街用绸缎结扎彩楼，旌旗蔽日，鼓乐鼎沸，百官跪拜迎候，商贾争施金帛。此时正值安史之乱四十年后，唐王朝的元气已经大伤，本该继续休养生息，安抚民众，积累资财，平息内乱，振兴中华。但宪宗却要迎奉佛骨，以满足自己的崇佛心思。

满朝的文武，没有人说一个“不”字，唯独韩愈不顾个人安危，决然上书《论佛骨表》，极力劝谏。他说：供奉佛骨实在是一件荒唐事，于国于民没有任何的好处。并要求将佛骨烧毁根除，不能再让天下人被佛骨误导。

宪宗看了韩愈写给他的信，非常生气，要用极刑惩治这个刑部侍郎。当然宪宗要杀韩愈，也不是没有根据。韩愈的这封信与他身为“人臣”的身份有较大的冲突，“大不敬”的帽子已经非他莫属。在任何一个封建帝王的眼里，对皇帝的“大不敬”就是对帝王绝对权力的挑战，这在封建王朝属于“十恶”的重罪了。唐代律法规定，“十恶不赦”应处以死刑。

韩愈的命已经悬于一线。

多亏裴度、崔群等人极力劝谏，宪宗才网开一面，把韩愈开贬到四千里之外的广东潮州当刺史去了。

韩愈骑马走到终南山下的蓝关。漫天风雪中，他看到送行的侄孙韩湘的身影，悲愤难抑的他脱口吟诵出一首千古诗篇：

一封朝奏九重天，
夕贬潮州路八千。
欲为圣明除弊事，
肯将衰朽惜残年。
云横秦岭家何在？
雪拥蓝关马不前。
知汝远来应有意，
好收吾骨瘴江边！

好在韩愈命大福大造化大，既没有被砍头，也没有把自己的老骨头丢在瘴江之边。他通过不断地申诉，很快又回到了长安。

今天我们从韩愈任潮州刺史后写给宪宗的“申诉信”和宪宗的“御批”中可以清晰地看到，当初其所以惹恼宪宗，除了韩愈“狂妄放肆”对宪宗“大不敬”外，还有就是韩愈对佛骨舍利的轻蔑态度使宪宗产生了厌恶之情。因为宪宗本来就是一个崇佛之人，而历代的崇佛者，对佛骨舍利都是顶礼膜拜的。有道是“君子不贬人之美”，明明人家很爱的东西，你偏要说不好，咋能叫人心里痛快？不杀你已经是宪宗的大度和宽容了。

那么，佛教徒们何以对舍利如此崇拜？舍利究竟是些什么物质呢？

读过印度史的人都知道，古代印度人曾经流行过一种梵语，而舍利就是梵语的音译，指的就是人死后的躯体。古代印度人死后都要火化，包括早期创立佛教的古印度王子乔答摩。佛教《大涅槃经》就记载了佛陀涅槃的经过：公元前544年，佛陀在他的故乡涅槃，圣骸供十万众生瞻仰了六天后，在第七日被火化。火化后的佛陀圣骸结晶成很多小米大的颗粒，佛教信众们把这些颗粒称为舍利子，经由香性之婆罗门分给了八个国王。这些印度古国把佛陀舍利保管在不同的地方，并时常请出来瞻仰。

到了阿育王时代，这个杀戮成性的国王突然发现自己的罪孽，立誓要念经崇佛。他曾经捐建过 84000 座奉祀佛骨的佛舍利塔。

尽管在阿育王时代，佛教举行过第三次大集结，驱除了外教，统一了佛教，但很快就出现了佛教在印度难以生存的困顿局面。后阿育王时代，佛教一方面面临四方信众狂热的追捧，有一些地方甚至发生过自残崇佛的悲剧，在信众的心灵里留下恐惧的印象；另一方面，古印度婆罗门教与佛教之间的斗争也日益尖锐。阿育王逝后 47 年（公元前 185 年），古印度中部与迦补砂密多罗国王以婆罗门为国师，对佛教实行残酷的毁灭性打击，宗庙被占被毁，教徒被杀被关，佛教徒四处逃散，舍利也随之流向世界。

这个时候，中国已是大汉王朝的天下了。

至于中国现存的舍利，估计与古印度阿育王搜集保存的舍利有关系，但史书没有记载，人们只是凭借推断，隐约感觉到今天中国数处佛身舍利就是来源于古印度。其实看看佛教的发展史，也会清楚佛身舍利是从印度传来的，而不是从欧洲或其他地方传来的。

包括陕西宝鸡扶风县法门寺所供奉的佛指舍利在内，中国大陆至少还有数处佛身舍利，据说都和隋文帝有关。隋文帝杨坚学习印度护法王——阿育王的做法，于公元 601 年 6 月 13 日他生日这一天，下诏在 30 个州建 30 座舍利塔供奉佛舍利，还为此特质石函等物件保存舍利。当时共有 14 粒舍利由高僧送到泾川，也就是今天的甘肃平凉。遗憾的是大隋王朝仅仅维持了一个很短的时期就土崩瓦解，供奉舍利的大兴国寺也在战火硝烟中坍塌颓废。一直到李唐王朝的武则天登基，才在平凉大兴国寺遗址上发现舍利。此事被朝野认为是大吉大利，武则天便敕令在此建寺筑塔。泾川原本就在陕甘交界，距扶风不过数里之遥。扶风法门寺在周魏以前就称作阿育王寺。他始建于东汉末年，隋文帝时已具规模，遂被改为“成实道场”，佛舍利已经在成实道场供奉多年了。

法门寺舍利供人瞻仰，是西魏恭帝元魏二年（555）的事。660 年唐高宗曾迎佛骨到东都洛阳，供养三年后，送归法门寺地宫。唐代 200 年间先后六次将法门寺的佛指舍利请出供养，其中最后一次于公元 874 年正月初四由唐僖宗李儇按照佛教仪轨，将佛指舍利及数千件稀世珍宝一同封入法门寺塔下地宫。此后法门寺塔虽然几次变换“身影”，但塔下宝物应该未被扰动。

中国改革开放后的 1981 年深秋，一场暴雨浸塌了法门寺佛塔的一侧，法门寺佛指舍利又一次震惊了世界。

一根只有几公分长的佛指舍利，何以能在佛教界及华文圈激起层层涟漪？

这与佛教创始初期的经文有关。

《妙法莲花经 · 药王菩萨本事品》经文有：“若有发心欲

得阿耨多罗三藐三菩提者，能燃手指乃至足一指，供养佛塔，胜以国城、妻子及三千大千国土山林河池诸珍宝物而供养者。”

一截燃烧后手指骨或者脚趾骨，居然倾国倾城丢妻弃子，因为“光明遍照八十亿恒河沙世界。其中诸佛同时赞言：善哉！善哉！善男子是真精进，是名真法供养如来。”

这些都是佛教徒自己传说的。世间事，包括佛、道，都是一种信仰，与自然界没有什么因果关系。自然界的变化几十亿年，佛教诞生至今也不过2000多年。以自然界的变化暗示佛的存在，是迷信的，缺乏常识的。但是，佛舍利一直以某种超物质能量俘获人心。早在南朝梁陈时期，就有人说见到舍利，突然又见到释迦牟尼佛坐在法座上宣讲《妙法莲花经》，据说曾吸引信众舍身自焚。

甚至在佛教的另一部经籍《梵网经》中，竟然有这样的话：“若不烧身臂供养诸佛，非出家菩萨。乃至饿虎狼狮子，一切饿鬼，悉应舍身肉手足而供养之”。估计当年古印度佛教被驱赶，与这些极端的经文及其所倡导的恐怖活动不无关系。

《大佛顶首楞严经·卷六》中释迦牟尼曰：“若我灭后，其有比丘发心决定修三摩提，能于如来形象之前，身燃一灯，烧一指节，及身上热一炷香……”

批评任何一件事物，需用事物本身的逻辑漏洞证明他的错误，才是最有说服力的办法。

回过头我们再看看韩愈的说法，就知道当年的他是多么有勇气、有远见了。

韩愈说：三皇五帝不事佛，也一样治国安邦。错了么？

韩愈说：梁武帝在位48年，前后三度舍事施佛，宗庙之祭，不用牲牢，昼夜一食，止于菜果；其后竟为侯景所逼，饿死台城，国亦寻灭。错了么？

在韩愈看来，佛教就是佛教，信者信之，也就罢了。但作为一国之君，热衷于迎奉佛骨，必然会在全社会掀起热潮，这对于那些愚冥的百姓来说，就有可能断臂脔身、伤风败俗。

韩愈也有韩愈的局限，而这种局限在今天仍然局限着很多人。

佛教作为一个外来宗教，在他传入中国初期肯定有水土不服的困顿。作为一种宗教，佛教的存在与其他宗教一样给人类的精神以极大安慰。他的很多义理，剔除了某些迷信的糟粕后，仍然闪烁出耀眼的光芒。以“夷夏有别、言语不通、衣服殊制”就加以反对，不过是承袭了先前一些人的说法，而这些说法已经被证明站不住脚。至于指责佛教“不知君臣之义”，主张“众生平等”，则彰显出韩愈的愚顽和局限。

韩愈生在一千多年前的封建时代，当多数人都在崇佛的时候，唯独他及少数人对佛教说三道四，只能说明韩愈这个人太专注于他所尊崇的儒学了，以至于不顾个人安危，给唐宪宗上表反对迎奉佛骨。毕竟他是一位专事儒学的封建王权的卫道士，看不惯佛教，也在情理之中。

我们不必鞭笞一个古代文人的这种历史局限。佛教主张的众生平等，不但是人类的精神财富，也是他得以绵延不息的因由之一。

但唯有高僧才能烧出舍利子，既是一种偏见，也是一种无知。在古代的火葬场所任何人的肉身都可能存留舍利；就如现代殡葬的火葬炉一样，任何人的肉身必将化为一堆灰烬。佛身舍利只是一个时代的产物，夸大他或贬低他其实都没有多少意义。

新建的法门寺佛指舍利塔

祖庭的遗产

一

佛教自公元前五世纪在古印度诞生、公元一世纪传到中国，尽管曾遭遇中国传统文化观念，特别是儒家观念的挑战和道教的排斥，但他以顽强的生命力落地生根并开花结果。到了魏晋南北朝时期，已成燎原之势。到了中国又一次统一的隋代，已经逐渐形成了八个主要派系，其中著名的创始人包括道安、鸠摩罗什等都是在这一时期来到长安，开创了一个个延续千年的佛教教派。

与任何的宗教活动一样，佛教其所以由各类“师说”发展成大型宗派，必有三个基本要素：其一、要有一位高僧大德为旗帜，而且这位高僧有着深厚的佛经学养，并能理论联系实际，创造出自己的新东西；其二，在高僧的周围，有一批忠实的信众捧场；其三，有自己的活动场地。也就是说，任何能形成宗教派别的组织，都有一座寺庙作为舆论宣传的阵地。尤其像那些影响千年的大型宗派，基本都有自己的寺庙作为靠山。

隋文帝杨坚统一中国后，佛教派系已呈明朗之势。其中就有天台宗、三论宗、唯识宗、华严宗、净土宗、律宗、禅宗、密宗等八大宗派。最早形成佛教门派的是天台宗，创始人智顗，祖庭在浙江省天台山国清寺；流传最为久远的佛教门派是禅宗，创始人萨提达摩，祖庭在河南省少林寺；其余六个宗派均诞生在一个地方——古都长安及临近的终南山。华严宗创始人杜顺，祖庭在今长安神禾塬上的华严寺和终南山天子峪的至相寺；律宗实际创始人道宣，祖庭在今终南山丰德寺和净业寺；唯识宗创始人玄奘法师，祖庭在今西安大慈恩寺（大雁塔）；三论宗创始人鸠摩罗什，祖庭在今户县草堂寺；密宗创始人大毗卢如来，祖庭在今西安南郊小寨附近的大兴善寺；净土宗创始人慧远和善导，祖庭在今西安市长安区香积寺。

撰写佛教的宗派或祖庭，一般的套路都是引经据典，把各个祖庭的历史沿革、教派形成过程、初祖活动轨迹、自创的佛经要义等等一一列出。这样的书的确不少，读者也不多。

本书作者作为一个读书人，深感到那些冗长的艰涩的介绍宗教历史的文字阅读不易，所以在写这本书时，尽量避免引经据典，避免按照传统套路写文章。基本坚持以自己的所闻所见，以通俗易懂的语言，将佛教八大宗派尤其是终南山六大宗派的基本状况作一个回顾，并从中归纳出一些在今天看来依然闪光的道理，看看这些昔日辉煌的佛教祖庭能留给我们多少有价值的精神遗产。

二

当今社会著书立说是一大潮流。包括领导人、明星、著名或非著名的电视节目主持人以及形形色色的老板们，都在著书立说，都在写自传，那些文化程度不足以舞文弄墨的人干脆就雇人了。于是，一批又一批有些文化的所谓写手就有了用武之地，也有了谋生的饭碗。据说一年仅中国大陆就要出版四十万种各类书籍。把这些书摆成十米宽、十米高的城墙，要摆出一个近千平方米的城郭来。然而真正对人有启迪、有教益、有感动、有深思的书却如凤毛麟角。今天成灾的并不仅仅是那些胡吹冒撂的广告，还有如垃圾一样的书籍。无论你走进一个国有企业，或是走进一座寺庙，都会有人给你送上他们编写的“书籍”。这些书与其说是书，不如说是以书为媒的广告。2010 年仲秋时节，我和朋友去华严寺，曾经在这座矗立在半崖上的古刹收到过一本书，书的名字已经从记忆中淡去，书的内容却长久留在记忆中。就在前不久，我再次登上少陵塬畔，来到华严寺，却发现记忆里的华严寺依然如那本书里所描写的那样，借用一句老歌的歌词：“什么都没有改变”！

我不妨把那本内部印刷的书的一部分内容摘录一些：

现金（应该是现今，书里咋印，咱咋抄）‘华严’基本无寺。这里没有宏伟的大雄宝殿，更没有一般寺院庄严肃密的藏经楼，甚至也谈不上‘客堂’‘禅房’……只是在少陵塬畔，樊川一侧的黄土包围中孤立着两座长满青苔的唐塔。（此塔）告诉人们这里曾是历史上最辉煌的华严寺所在地。

现金（同上）‘华严基本无院’。华严寺处于黄土塬三级台地的第二级台阶半塬上，寺院的后墙即是不断向下垮塌的黄土塬体，时时有被滑坡卷没的危险，尤其是在多阴雨的秋季，而前面的朝向，是一览无余的深崖，高于樊川地面百余米。但就连这个陡峭的土崖也由于水土流失而不断地向下方垮塌，使华严寺不断缩减成为了越来越窄的狭长地带……黄土塬成了毁灭寺院的致命杀手。其中一座千年古塔已经不得已向北移建十数米，而另一座已经被不断的滑坡推到岌岌可危的山崖边缘。

“华严难以养僧，历经岁月的磨难，寺院破败，荒芜凋零，香客难以祭拜，钱米难以为继。虽然国家大力扶持宗教事业，但一批又一批的僧人抱着希望而来，带着遗憾离去。虽然宽昌法师抱着恢复祖庭的大愿带着几位志士仁人进驻这里，但住房、生活、费用的困难是常人难以想象的到的，甚至遭遇到‘揭不开锅’的危机……”。

再往下读这本书，就是华严寺昔日的辉煌了。书的封底内侧印有“工本费50元”的字样。我凭借常识明白，这是一本寻求供养的宣传品。几年来都一直惦念他的效果，故旧地重游，才发现一切如故。

按照现在的居士的收入水平和崇佛的态度，华严寺应该有一笔足以维持现状的资粮，不至于连锅都揭不开。同时，我也想对华严寺自行出版的书里所表述的文字及文字所表述的事实做点修正。毕竟在佛陀看来，一切虚言妄语都在禁绝之列。

地处半崖的华严寺

据我了解，华严寺早在2006年至2008年，就曾得到政府的关爱，曾经由长安区政府拨付过50万元专项资金用于濒危的清凉法师塔和破损的杜顺法师塔的迁移和维修以及佛寺必要的修缮。

以华严寺的历史地位，应该说，今天的隐患早在华严寺建寺初期就已经埋下了。这座被称为华严宗祖庭的古刹始建于何时，尚且记载不一，只能说明该寺的形成并非一蹴而就，极有可能经历过较长的过渡时期。有关书籍记载：华严寺初建到以后数百年间并无高大殿堂建筑，只是凿原为窟，以安置佛像及僧众居住，当有可能。据此有两个基本判断：其一，华严寺所处的地理位置，本来就不是建寺场地的最佳选择，古人也不傻，不可能把华严寺建在少陵塬半坡上；其二，华严寺初祖杜顺十八岁出家，从因圣寺僧珍禅师，受持定业。因圣寺就是以窟为寺的一座小寺。后来杜顺游历陕西各县传经授业，来到同样以窟为寺的华严寺也是顺理成章的。至于杜顺圆寂修塔供奉，也是后来的事情。建塔后再据此建设一座寺院，也不是没有可能。不少寺院都是这样建立起来的，包括著名的法门寺。

然而，一些研究佛教并有著作问世的作者却不以为然。《终南山佛寺遊访记》的作者就认为，华严寺曾经是窑洞佛寺不足为信。理由是："唐代至今的一些诗中，完全可以看出对于当时寺院殿宇的描写"。作者首先引用了唐代孟郊的诗"地脊亚为崖，耸出冥冥中。楼根插迥云，殿翼翔危空"。孟郊（751－814）是唐代人，他到华严寺，华严寺已经有了大雄宝殿并不奇怪，与孟郊同时代的诗人或者帝王如唐宣宗也曾亲临华严寺，并作诗感叹。但是，唐代之前还有隋代，隋代之前还有南北朝、十六国。就算在杜顺的时代，也没有关于华严寺的记载，凭什么就断定华严寺在唐代之前不是一座窑洞寺院呢？这种说法显然缺少常识。

争论华严寺早期是否为洞窟佛寺并无意义。问题是：早期的洞窟佛寺因为依塬挖洞，并没有考虑日后建寺的地理位置，才形成今天的尴尬局面。

华严宗因传播《华严经》而成教派。《华严经》传来中国，曾经有三次：第一次是在公元418年，由慧远的弟子支法领从于阗得来，晋义熙十四年（418）三月十四日在今天的南京道场请天竺三藏佛驮跋陀罗译出；第二次是在武则天时期，由三藏法师实叉难陀于695年在洛阳大遍空寺开始翻译，699年译毕；第三次系南天竺乌荼国王亲手书写并遣使于贞元十一年（795）十一月送到大唐，翌年六月由唐德宗亲嘱罽宾三藏般若在长安崇福寺从事翻译，这一回译定的人中还有华严寺清凉国师澄观法师。华严初祖杜顺显然是依据第一次所译的《华严经》开始弘法的。据《长安志》《咸宁县志》记载：华严寺建于唐太宗贞观中，至于建于贞观的哪一年，没有详说。然而，杜顺圆寂在640年，就算杜顺圆寂前曾在华严寺弘法，此时的华严寺也许已经建成孟郊诗中所描绘的场景了。但是杜顺弘法远在贞观之前就已经开始，而

《华严经》从418年被译成中文，到唐贞观时期，至少有210年过去了。在此期间《华严经》的传播已经如火如荼，此时的华严寺又在哪里呢？

最客观的推断就是：早期的华严寺就是一座窑洞佛寺，因为有杜顺的入住，才在杜顺的晚年也就是大唐贞观时由朝廷有限的开始敕建。而窟洞佛寺因为杜顺的缘故，才摇身一变成为现在的华严寺。杜顺据说在长安知名度很高，写书的人都以为杜顺是因为弘法弘出了名声，其实也是想当然办事。杜顺生于长安，早年出家，在终南山修行多年，他和孙思邈一样，曾经以治病闻名于终南山。或至少是杜顺给广大的信众治病赢得了尊敬，他的弘法事业也就水涨船高了。世上的事情往往并不复杂，经人一写，就变得神秘复杂了。

华严寺以其独特的地理位置，迢迢云外，飞阁倚空，南望寒山千里翠，东眺苔深路不通，其实都是这道莽原惹的祸。就算有居士大发愿心，也难以成就华严寺的昔日辉煌；就算政府再拨款，也难以在一个半坡上修起一座与香积寺媲美的新寺来。

最好的办法就是保持现状，因为再多的钱也不能改变华严寺处于少陵塬半坡的尴尬。

华严宗以阐扬《华严经》而得名。对《华严经》的研究和阐扬，自晋代至梁代，在南方就已经开始了。隋代及之前就有人聚集在终南山另一个千年古刹至相寺研讨过《华严经》，华严宗的先驱杜顺、智俨等都曾在至相寺弘法，而智俨（602－668）12岁就随法顺（就是杜顺）出家于至相寺。另一位堪称华严宗真正的奠基者的法藏曾经入终南山听智俨讲《华严经》，其实法藏本身就是长安人，他对终南山当再熟悉不过，去哪一个寺庙都有可能。法藏的弟子慧苑，慧苑的弟子法诜，法诜的弟子澄观等都曾经在终南山留下过踪迹，而澄观的弟子、华严宗五祖宗密也曾居住在终南山圭峰兰若，世称“圭峰禅师”。我们把这些零零碎碎的历史痕迹串在一起，似乎又有一种新的感悟：莫非华严宗祖庭就是华严寺南面这座青翠如黛的终南山？

华严宗留给我们的遗产当属他的经籍义理。华严宗的经籍义理就在《华严经》里，而早期翻译的《华严经》名为《大方广佛华严经》，包括《兜沙经》《本业经》《十住经》《渐备一切智德经》《如来兴显经》《摩罗伽经》等多部佛经。五世纪初译成汉文六十卷，史称六十华严；七世纪末，又重译了一遍，成八十卷，至此《华严经》才算“定型”。以唐代所译的《八十华严》而论，大致有以下几个特点：

一是强调“诸佛真法”是佛菩萨“法身”的本体，佛法高于佛身。“法身”的体现者是《杂阿含经》中曾出现过的毗卢舍那佛，一切佛菩萨全是毗卢舍那佛的应化身，他们教化世间和拯救众生的善行，毗卢舍那佛成为唯一的崇拜偶像，包括释迦牟尼佛也在毗卢舍那佛的面前黯然失色。

从文字上看，“毗卢舍那”在象形上并无任何含义，梵文却含有“光明普照”之意，是“太阳”的别名。如果将梵文意译，毗卢舍那就被译成“大日佛”了。既然毗卢舍那是太阳的化身，就“无形无质，无言无行，无思无虑，无所不照，遍及一切”。“所示十方诸佛，无边无际，不可计数，能发大光明，普照三界六道”。就佛教信仰体系而言，《华严经》中的毗卢舍那佛的出现，标志着在佛教唯一教主释迦牟尼之外，又有了一个新的形象。

二是《华严经·入法界品》塑造了一个求索一切善知识的“善财童子”的形象。他在“普贤行”的指导下，向最普遍的比丘、比丘尼和各种职业者、信仰者学习，也向天神、地神、夜神等虔诚礼拜。《华严经》主张信徒要深入到社会的各个角落各个阶层，不分信仰、种族地学习世间知识和技能，由此弘扬佛法，成就自己的“一切智”。据此佛教就成为一种典型的世俗化佛教。

三是《华严经》主张一微尘能容一切法界、一切众生，无量佛菩萨世界均可纳入一毛孔中。所谓“一切即一，一即一切”。以极为简要的形式阐述了“个别与一般”“部分与全体”的哲学问题。他还倡导：无有众生不具足如来智慧者，但众生颠倒不知不见而已。一旦受到佛法教诲，“具见如来在其身内与佛无异”，这就是最高的觉悟。

四是《华严经》主张“所有诸法皆由心造”。三界五阴唯心，如来菩萨也属心造。懂得这个道理，才是“真见佛”。这些说法已经包含大乘佛教向唯识一派发展的基本要素。

经过中国佛教法师们的修正补充，开始形成一个以《华严经》为主，并且参杂了中国人哲学思想的佛教宗派华严宗。

华严宗的基本思想用四个字就可以概括：“法界缘起”。“法界”中的“法”，指的是世间的万事万物；“法界”中的“界”，是分界、类别之意。“法界缘起”就是说世间和出世间的一切现象，都是如来藏自性清净心生起。宇宙万法，有为无为，色心缘起时，相互依持，相即相入，圆融无碍，我中有你，你中有我，重重无尽。所以华严宗也被称之为“无尽缘起”。

华严宗的理论体系包括四法界、六相、十玄门等。

三

严冬的傍晚，山野里悄怆幽邃。走进沣峪约五公里，就到了千年古刹净业寺，此时的净业寺学经堂的灯正亮着。寺院的主持释本如只要居寺，就无一日不读经。案头上几本经书依次排开，几位学经的青年和尚还在比照、研讨。

熄灯的时间到了。这座形似凤凰的高山沉寂在凛冽的寒风中。那扇面对南方的玻璃隔墙因山风的拍击发出一阵阵低沉的轰鸣。

清亮的月光，铺满了山巅，极目远眺，一片苍茫。十几位出家的和尚就睡在学经堂下面的一间寮房里，时而还可听到稀疏的鼾声。

这座延续了千年的律宗祖庭，依然延续着律宗的香火，也保留着孜孜不倦的学经传统。

我是那天中午时分，在时任长安区宗教局冯建龙局长的陪同下来到久仰的净业寺的。由第一道山门开始攀登，虽然往上是人工修建的1008个青石台阶，但高耸的凤凰山，似乎考验着我们的意志。当我们登临最高一座大殿时，几个人都已经累得精疲力尽了。休息了片刻后，我们准备登上这座寺院最高的地方，也是凤凰山山巅——本如法师的学经堂。通往学经堂的小道旁有一块醒目的标志牌：谢绝来访。这儿极少有游客或者信众登临。接应的小和尚在前边带路，我们在后边紧跟。刚拐过一处突兀的山石，就被几只狮子一般的藏獒挡住了去路。多亏小和尚及时关住了木头制作的栅，我们才战兢兢地登上一个较为平缓的高台，本如师傅就在高台西侧的一个小门旁等待着我们。稍事寒暄后，我们被请进这座神秘的学经堂。

学经堂依山而建，正南方镶嵌着一块几十平方米的大玻璃，透过玻璃，终南山四望合一，一览无余。玻璃屏内是一排古朴的班台，这是师傅和徒弟们学经的课桌；靠西是一排藏满经书的陈列柜；室内紧贴着北侧山墙是一张宽大的木床，木床两头由屏风隔挡，使这间卧室平添了一层隐秘。据本如法师介绍，他晚上就寝的地方就在这儿。

那天的午饭是一顿典型的寺庙里的斋饭，但又是净业寺有点名气的招待饭——糊涂面！其实也就是平常我们所吃的棱形面片，再添加一些豆腐、青菜之类的蔬菜，做好之后闷在锅里十几分钟后，就成了类似于河南的“糊兜面”了。

律宗祖庭净业寺

整个下午，我们都在探讨终南山佛教的现状和律宗祖庭所留存的文化遗产。今天的净业寺，始建于隋末，曾因著名的大唐高僧道宣法师在此弘法，而所弘扬的佛经多为律法，故成为佛教律宗的祖庭。据说玄奘法师、著名道士孙思邈都曾多次光临净业寺与道宣切磋。唐时的净业寺盛况空前，追随道宣者数以千计。至宋代后开始衰落，到1555年关中大地震，几乎将净业寺夷为废墟。尽管在嘉庆和道光年间曾两次重修，都没有再现昔日的辉煌。尤其是二十世纪二十年代后的八十年，净业寺一直淹没在草木深深的寂静中。自本如法师进驻后，在信众的鼎力支持下，净业寺才逐渐焕发出活力，石雕的牌楼屹立在西万公路紧靠凤凰山的一侧，一层又一层的大殿依次建起。香火开始兴旺，信众日渐增多。

本如法师介绍，他来自南方城市厦门，在净业寺已经接近二十年光景，净业寺今天的新貌与他密不可分。此话也得到冯局长的验证。冯局长还介绍说，本如法师毕业于高等学府，因经常研读佛经，对佛教产生深厚感情，二十世纪八十年代末毅然出家，入寺受戒后，立志终身弘扬佛法，是终南山少有的寺院才子。

那天我们是在月光的陪伴下离开净业寺的，之后我又几次直面本如法师，对释本如开始关注，对净业寺和这座闻名全国的佛教祖庭的历史也产生了深入了解的兴趣。

有一年听说释本如去了少林寺，经打听才知道本如法师还兼任着中国禅宗祖庭少林寺西堂。西堂在佛教寺院里，是辅佐方丈的“四大班首”之一，包括首座、西堂、后堂和堂主。西堂的职位仅次于首座，负有教化僧众、宣讲开示之职。虽然高居班首之位，但在寺院应该处处以身作则，如同普通参学之人，这与本如来自律宗祖庭的身份比较一致。

曾有同往寺院的朋友问我，释本如这个名字有无讲究。我因为对此没有研究，只是直观的以为，寺院和尚的法号，都应该有些讲究，就同民间的起名一样，稍有些文化知识的家庭，给孩子起名都会有一些或深或浅的含义。至于“本如”的法号，我想也与律宗所宣扬的律法有些瓜葛。该宗认为世界于空、无等自然状态经由元气变化而成，故称“本无”。《因缘品》卷二云：“本无者，未有色法，先有与无，故从无出有，即无在有先，有在无后，故称本无”。后来人以此称谓，将“本无”改成“本如”，但基本的精神义理一样，彰显着本教的宗义。

当然这样的解释未曾请教本如法师，如有荒谬，还请指正。

佛教自两汉传入中国，曾经有200多年“水土不服”，一直到中国的东晋十六国时期，才得以发展。分裂和战乱给佛教的兴盛提供了绝好的土壤，也给佛教宗派的形成提供了广阔的空间。律宗的起根发苗就是从这个时候开始。

何为律宗？顾名思义，律者，佛门之法！再通俗一些，其实就是研究佛教内部戒律制度的宗教派别。专业一点的解释就是：律宗是依据五部律中之《四分律》，以弘通戒律为己任的大乘宗派。其宗旨就是：奉持《四分律》之净戒，而以一乘圆顿之妙理为旨归。说白了，就是研究并且颁布佛教内部戒律的一个宗派体系。

律宗的鼻祖可追溯到佛陀的弟子优波离，他曾结集《律藏》，分八十次诵出，传给了“五大尊者”。“五大尊者”之一优婆毱又有五个弟子，他们各就其根性从优波离诵扬的《八十诵律》中采集相近者各成一部，此即《五部律》。《五部律》经由昙无德的演化，遂成为佛教有名的《四分律》。所谓的律宗，就是以古印度人昙无德开始，以《四分律》为教义，经由中国唐代道宣法师集大成。

当然，任何的宗教派别的诞生，都会有具体的因由，没有平白无故的事情。

据说（也只能据说，因为现有的资料只能据说）在公元222年魏文帝时期，中国洛阳的出家和尚仅仅剃除了须发，身着缦衣，而无律法之行持。缦衣也是僧衣的一种，只是当时由印度传来的规矩规定，僧衣都要横竖割截，如同乡村的田畦，而横竖不再割裁的僧衣则称缦衣。印度僧人昙摩罗迦先生到达洛阳后，对中国僧人只穿缦衣、只剃须发的做法不以为然，于是决心在洛阳“依法治教”。但是昙摩罗迦先生一时半刻又找不到文字的律例，就只好自己开始承担译经的重任。二十多年后，昙摩罗迦先生译出了第一部适用于中国的律经《僧祇戒本》一卷，并敦请十位梵僧立羯磨法，此即中国传授戒法之始。后来先后有所谓的“九祖”在佛律上做出过贡献。到了道宣时期，佛教律法已日臻成熟。

道宣本是浙江人，出家后曾居住在终南山仿掌谷（即沣峪），有时候也在白泉寺和丰德寺修持。丰德寺就在今天的沣峪口紧靠东侧的山梁上，与净业寺近在咫尺（丰德寺是道宣在终南山弘扬律法的最初场所，应该也是律宗的祖庭）。道宣自出家后，一生都非常节俭。他“三衣皆拧，一食唯菽，行则杖策，坐不倚床”，公元667年圆寂前，毕生都在研究《四分律》，后人称他为佛教“南山律师”。真正意义上的佛教律宗的创始者应该就是这位道宣和尚。但道宣的名望和另一个人分不开，他就是地地道道的长安人怀素法师。怀素俗姓范，12岁礼玄奘出家，受戒后从道宣习《四分律行事钞》，其后又转入法砺之弟子道成门下学习《四分律疏》。怀素很聪明，他发现古人之义未能尽善，于是就另起炉灶，写了一本《四分律开宗记》。怀素的这本书批评和纠正了以往的律法在很多问题上的疏漏过失，提出自己的一家之说，被称为《新疏》，从而成为与道宣、法砺齐名的律学三大宗之一。

律宗的教义以《四分律》为基准，经历年有为之士的补充修正，渐次形成一套相对完整的戒律。其主要的内容用简单的四句话就可以基本概括：戒法、戒体、戒行、戒相。

戒法指的就是佛教的律藏；戒体就是指对出家人提出的各种基本规矩；戒行指随戒体而引发的身、口、意三业之行为；戒相即指持戒之妙德表现于外，而可为持戒轨范者。总而言之，戒乃一切善法之根本，也是律宗成为佛教宗派的关键要素。

道宣、怀素之后也有不少人进一步深化律宗的理论，但因为太过繁琐，未曾普及。佛教发展到今天，各个宗派已经相互融合，难分彼此了。而古代所形成的律宗教派也只是作为一个历史，才屡屡被人提起并反复讨论着。

以佛教经籍的浩繁，其内部的律例不是太少，而是太多，甚至太严，但宗庙内部的风气并不乐观，甚至有世风日下的忧患。原因就是：有戒律，却无有效的监督；有内部管理制度，却没有很好的执行。

四

现代人皈依佛门十分简单，拜个寺庙里的师傅，就算是居士了。修佛则更简单，出家不出家，念一句“南无阿弥陀佛”，就算修行了。当然有机会多念几遍，则更显虔诚。这种简单的“只念名号”的修佛形式得益于一个佛教教派的极力主张，此一教派就是所谓的净土宗。

净土宗所主张的持名念佛给修行人带来极大的方便，曾有和尚一日念佛七万遍。为相对准确地统计念佛的次数，还有和尚在念佛时数小豆，从而开创了数珠念佛的先河。

不少人都认为，净土宗发源于唐代长安，发源地就是香积寺。

其实，净土宗最早的倡导者慧远大师并不在长安，因为他曾在江西庐山结莲社念佛，所以最早的净土宗称“莲宗”。

慧远是东晋人，他在庐山结莲时，曾有僧侣、居士 123 人参加，他们在阿弥陀佛像前建斋立誓共期往生西方。这是中国弘扬净土的初始阶段。

香积寺作为净土宗的祖庭，与一位弘扬净土的大师善导有关。唐永隆二年（681）三月十四日，善导师傅圆寂，长安城倾城哭送，弟子怀恽将师傅葬于潏水河畔的神禾塬，并在此地修建香积寺和善导大师供养塔。

净土宗祖庭香积寺

善导曾是净土宗前辈道绰的弟子。道绰（562－645）是山西太原人，他上乘昙銮的净土思想，一生讲说《观无量寿经》，著有《净土论》和《安乐集》。道绰的弟子善导接过师傅高举的净土大旗，来到长安光明寺、慈恩寺弘扬净土要义，从而标志着佛教净土宗派的正式创立。

有信众可能要问，既然净土的先祖是慧远大师，为何中国佛教书籍基本都将善导作为净土的代表人物，并将香积寺作为净土祖庭？

回答这个问题其实很简单。其一，善导虽然是道绰的弟子，但两人生在同一时代。善导生于公元613年，他出生时，道绰已经51岁了。善导初次谒见道绰是在641年，此时善导28岁，正是风华正茂的黄金岁月，道绰已经79岁，烈士暮年，垂垂老矣。道绰是一位一心念佛之人，不屑于和外界来往，虽然愿力非凡，但在社会上的影响有限。道绰圆寂时，善导已经在终南山修佛多年，影响巨大，被称为“终南大师”。其二，道绰所秉承的净土思想来自昙銮，善导则自幼出家拜师学艺，长期诵读《法华经》《维摩诘》，特别是他诵读了《观无量寿经》后，悟性顿起，悲喜交集，才得以谒见道绰大师，继承了师傅的学养心得，开创了净土宗善导流派。可以说，善导才是净土宗基本要义的集大成者，而且经他倡导，全社会开始形成“人人念佛、户户弥陀”的景观。

据史载，善导生活俭朴，一心向佛，对自己苛严苛责，从不轻言供养之事，纵有信徒馈赠财物等，也都将上好的供奉大众，自己则过着粗茶淡饭的生活。每有居士供养，他都诚惶诚恐，时常自责说：释迦世尊尚且托钵乞食，大师何人？敢端居而索供养乎？但是对于修塔建寺复庙兴教的事情，他就倾囊相助。这与当时一些寺庙和尚见谁都想让人家出钱供养的心态形成巨大的反差。

当然善导的地位和他所倡导的修佛义理也有关系。

善导修行开创了两分法：正行与杂行。正行即指读诵、观察、礼拜、称名、赞叹供养等。念佛的方法主要有四种：一是专念佛的名号，称为持名念佛；二是观佛的塑像与画像，称为观像念佛；三是观想佛的妙相，称为观想念佛；四是观佛的法身，称为实相念佛。

善导之后一千五百多年以来，唯有持名念佛最盛，因为简单一句“南无阿弥陀佛”足矣！“南无阿弥陀佛”乃佛教术语，“南无”的读音为“na mo”，归命或接受之意；“阿”指健康；“弥”指智慧；“陀”指长寿；“佛”指健康、智慧、长寿的信息。《观无量寿经》曰：“具足十念，称南无阿弥陀佛”。

至于念到何种境界就能往生净土，当然也有一系列条条框框。修佛的目的在信众们看来固然重要，但最重要的是通过念佛，使自己很快进入到一个色空境界。唯此境界才可超脱尘世是非缠绕，走进幸福的伊甸园。

今天的香积寺已经没有王维时期那么高耸巍峨了，因为现代化已经延伸到这座千年古寺的四周，高楼大厦鳞次栉比，宽广的道路就从香积寺门口穿过。香积寺再也不会有“古木无人径，深山何处钟。泉声咽危石，日色冷青松”的意境了。但香积寺有善导塔，一座与大雁塔同时代修建的名塔。此塔承载着一代又一代信众的心愿，见证着历史的风风雨雨。

五

都知道佛门有戒律，其中最普遍的戒律就是禁酒肉、禁女色。有一本佛学著作说，佛教的出家，其实就是为了禁色。人的喜、怒、哀、惧、爱、恶、恨以及眼、耳、鼻、舌、身、意，只有一样东西，唯独出家才可以禁绝，这就是女色。当然，这只是针对和尚说的，比丘尼出家禁绝的就是男色了。

说来也怪，佛门如此对人的性欲有成见，必欲禁绝而后快。可是成千上万的寺庙，为什么就不能禁绝女香客的朝拜呢?

因为女香客对寺院的贡献很大。

看看那些慷慨解囊的信众吧，几乎清一色的女人。女人心太软，女人最容易发善心。也许女人塞进功德箱里的钞票不是很多，或充其量只有几十块、几百块，不像有些男人，动辄给寺庙捐款几十万几百万。但是女人凭借人多势众，使很多寺庙的功德箱从来没有寂寞过。这也为寺庙的建设和僧人们的生活做出了不小的贡献。

佛教不但从不禁绝女香客，还敞开大门欢迎女性皈依法门。

于是有了比丘尼。

毕竟这个世界的人只有两个性别，只允许一个性别信佛，佛门就显得很冷清。

至于佛教宗派会不会打破佛教不吃酒肉、不近女色的禁忌，相信大多数人都不是很清楚。其实，历史上还真有佛教宗派无此禁忌呢。

这个宗派就是赫赫有名的密宗，但现在汉传佛教的密宗已不是这样，他是严禁酒肉和女色的。汉传佛教密宗的祖庭就在隋代长安的“靖善坊”，也就是现在的大兴善寺。

公元2015年春夏之交，来自印度的领导人莫迪来到此坊，也不知道是中方有意安排还是人家刻意选择，反正人来了，在一个叫兴善寺的地方引来当代西安人的围观。谁也没有想到，一座沉默的寺院，居然和国家的外事活动牵连上。接待的不是别人，正是两千多年前把佛教传给中国的印度领导人。也许正是因为莫迪来自印度，兴善寺才凸显其特殊的意义。

最早的兴善寺建于晋武帝泰始二年（226），最初的名字也不叫兴善寺，叫遵善寺。隋文帝杨坚兴建大兴城时，特意敕令扩大了遵善寺的建设规模。至于为何把遵善寺改成兴善寺，原来也不复杂。隋文帝杨坚还没有坐上皇帝的龙椅时，还只是北周大兴郡公，而遵善寺所在地恰好就在大隋王朝划定的靖善坊，于是各取一个字，遵善寺就成了兴善寺。这个秘密其实不算什么秘密，只是一般的读者不屑于阅读那些枯燥乏味的历史书籍罢了。

兴善寺何以与密宗结缘？

印度总理莫迪在大兴善寺

大隋王朝因为隋炀帝杨广的穷奢极欲，仅仅风光了 38 年，就轰然倒塌了。朝代更替兴与亡，至多对宗教构成影响，却不能决定宗教的去与留，这就是宗教的力量。

到了大唐王朝，佛教在中华大地已经遍地开花。唐玄宗开元初年，印度佛教密宗传播者善无畏、金刚智和不空在兴善寺译出经典 500 多部，其最主要的经典是《大日经》和《金刚顶经》。此二经正是同时代印度密宗教派所主奉的经籍。也就是说，这三个译经的和尚把印度人尊奉的密宗引进到中国了。

不要小看这三位译经者的贡献，正是此三人的努力，才有了今天中国西藏藏传佛教的兴盛；也正是此三人的努力，日本才有了今天的“真言宗”。谁也想象不到，这些佛教宗派在他的诞生地会很快消失；更想不到，这个以密宗自称的佛教宗派成为当今中国西藏佛教的主流教派。

密宗之密，密在何处？据说释迦牟尼涅槃后，曾经化身金刚，手持佛法，此法与以往公开演讲之法有别，别就别在私相授受，故称密宗。

这当然只是传说。真正的秘密，其实是针对另一个教派“显宗”而来的。就像有些人抬杠一样，既然你要张扬显摆，那么我就玩深妙奥秘。我的这些经籍才不会在大庭广众下大喊大叫地传播，我要一对一、悄声细语地传授给灌顶之人。什么叫“灌顶之人”呢？按照现代人的说法，就如同旅游公司要求旅游者开据证明，证明“你妈是你妈”一样。任何要修行密宗之法者，都要有一位具足实证资格的上师。没有这种“授权”，想修密宗，是不可能的。

至于密宗所研修的宗教经籍是不是秘密，估计局内人不说，局外人一时半刻也说不清。但有一条似乎已经被打破了：密宗所修之法中的瑜伽，已经成为公开的秘密。任何人只要交钱，就可以参加任何一个瑜伽班的学习。

当然密宗所宣扬的修行之法，就像任何一个佛教宗派一样，没有纯粹的不好，也没有纯粹的好。天下事，都是在好坏相交、喜忧参半的状态下运行变化着。比如密宗宣扬通过修炼就可“立地成佛”，这与往昔小乘佛教所言要修十世乃至百世千世才能修成正果显然有极大的差距。所以密宗忌“显”，却也曾被称为“显宗”。此“显”者，立显之意，别无深考。正是因为密宗这个“立地成佛”的主张，才使众多信众摆脱了修佛成果望尘莫及的困惑。因为人的任何的善举，基本都要在自己身上现报。没有几个人愿意等到几十年、几百年甚至几千年才报给后世的。包括那些为官的精英，谁的政绩曾想到后世的安乐？

青龙寺空海纪念碑

二十世纪七十年代尚未改革开放时期，西安东南郊一座寺院就在日本人的资助下，变腐朽为神奇了。几年后的一次春风，居然把这儿吹拂得姹紫嫣红，樱花开始成为古城人新奇赏目的一道风景。

青龙寺为何被日本信众所青睐？原来青龙寺也是密宗的

教场之一。公元 804 年，日本僧人来到中国长安学佛求法，有一位名叫空海的法师就住在青龙寺拜师学艺。空海回国后在日本开创了真言宗。至今的日本真言宗的寺院和僧徒们，都自称是青龙寺的下院。下院也罢，上院也罢，作为密宗，能绵延千年而不息，就足以证明其顽强的生命力。

六

学佛修行的人几乎没有人不知道鸠摩罗什的。我第一次听到鸠摩罗什这个名字时，曾问一位修佛的居士。居士说，他的父亲是印度人，母亲是龟兹人。龟兹在后秦时还是中国西部边陲的一个小国，其地就在今天的新疆库车县。照此推论，鸠摩罗什应该是一个混血儿。

鸠摩罗什虽然早在少年时就随着他的母亲入了佛门，但他的整个青壮年都是在战乱中被挟持的。一直到后秦在长安建国后，鸠摩罗什才被后秦国王姚兴请到长安。

当时姚苌刚死不久，姚兴继位，还不敢发丧。因为孱弱的后秦仅仅统治着关中、秦陇之地，不但四面临敌，国内也不安宁。姚兴打败西凉后，把鸠摩罗什解救并迎至长安。史书上记载，姚兴很佞佛。一个“佞”字，就把这位羌族后生的价值取向凸显出来。

他的的确确对佛教有着独特的喜好。

可是，仅有弹丸之地的后秦帝国，却一直面临着内忧外患的处境，姚兴的位子时刻都有被掀翻的可能。当然这是后秦帝国的事情，我们说经论佛，且把后秦的命运放下。鸠摩罗什到长安后，姚兴就把他当成了国师级人物，安置在后秦的度假旅游圣地逍遥园西明阁，而此地就是今天赫赫有名的草堂寺。

时已 57 岁的鸠摩罗什开始在草堂寺展现他的锦绣才华。

自两汉佛教传入中国，译经的工作就没有断过。但是，印度梵文的固涩难解非一般译经学者所能担当，译出的佛经往往存在巨大的偏差，这使鸠摩罗什十分焦虑。他郑重建议后秦主姚兴同志不拘一格，广络人才。姚兴对鸠摩罗什言听计从，先后从各地召集了 800 多名修佛的翻译人才住在草堂寺，与鸠摩罗什一起翻译佛经。据说姚兴还时常亲临草堂寺聆听鸠摩罗什讲经，并亲自和鸠摩罗什校对所译的经文。史载，当时的草堂寺最多时竟然有 5000 人听经弘法，场面十分壮观。

说起草堂寺，西安的人们都会联想到长安八景之一的“草堂烟雾”。户县县志载，早在一千多年前，长安以西的户县，尤其是临近秦岭的草堂寺，地广人稀，草木繁盛，所以经常会有漫天的薄雾笼罩田野房舍，犹如蓬莱的海市蜃楼。也许正因为如此，“草堂烟雾”才成为长安八景之一。

草堂寺因为鸠摩罗什居住并在此译经而名闻遐迩，成为三论宗祖庭。但草堂寺这个名字却是从民间开始叫响、并一直沿用至今的。当年鸠摩罗什居住时，草堂寺是后秦国逍遥园的一部分，因为其中一间房顶用草苫遮盖，当地百姓便随口叫他草堂寺；盛唐时期，草堂寺被称为“栖禅寺”，但百姓并不认账，继续叫草堂寺；清雍正十二年（1734），又改称“圣恩寺”，但民间一如既往叫草堂寺。草堂寺就是当地百姓心里的一块丰碑，既承载着佛教的辉煌，也承载着百姓的希望。

三论宗祖庭草堂寺

今天的草堂寺虽然没有了往昔的烟雾美景，但因为紧邻终南山圭峰、观音、紫阁、大顶诸峰，东边又是长流不息的沣水，其风景依然十分壮丽。尤其是寺内的鸠摩罗什舍利塔和《逍遥园大草堂栖禅寺宗派图》石碑一直默默地昭告天下：这儿曾经是中国佛经三大译场之一，风光过一千六百一十六年，至今依然没有褪去神圣的光环。

鸠摩罗什自龟兹到长安，先后带过数十位高僧弟子，其中的“什门十哲”中，就有四人是陕西人。他们是僧肇、道恒、昙无成和僧导。但最著名的还是道生。

道生治学严谨，对翻译的佛经都有深入的研究。他曾对佛经《大槃泥经》中说“除一阐提外皆有佛性”的话有异议，认为既然一切众生悉有佛性，那么一阐提也是有情，何得独无佛性？说明经文有疏漏。于是他倡一阐提皆得成佛说。不曾想此话一出，就被“尽信书”的一帮和尚视为异己，整个庙堂一片哗然。结果道生被赶出了佛寺，逐出了建康。

何为“一阐提”？“一阐提”乃梵语的音译，按照中文的习惯，应该叫“断善根”或者“信不具”。“信不具”仅从字面上看，大概知道其所指与一个人的信誉有关，其实也就是如此。佛教的“一阐提”，指的就是一切有欲望的人，他们贪图世荣，喜生惧死，不信因果，无有惭愧。在佛教看来，这类人妨碍出离修道，当坠地狱。其实人世间的“一阐提”何其多也？芸芸众生，十有八九都是“一阐提”，把占人口绝大多数的人拒之于佛门之外，并恶毒地诅咒他们不能成佛，这与佛教所宣扬的“众生平等”不是自相矛盾了吗？

道生的思维方式与逻辑学三段论近似。可是在中国，从来都没有逻辑学普及，人们判断是非，基本都是依据感性认识和书本定论，当有人对佛经提出异议，就被认为大逆不道，必欲除之而后快。

不仅道生遇到了麻烦，被译出的数十部佛经在中国也争论不休，只是没有人像道生那样直接对佛经提出质疑罢了。浩繁的佛经本身就充满矛盾，有一些甚至漏洞百出，仅在佛教界就一直彼此争论着，相互排斥着。一直到今天，这种争执还没有结果，当然也不会有什么结果。因为佛经不是天上掉下来的，是人写的。既然是人所写，就必然有作者所处的历史环境的局限以及作者的是非好恶。任何的照搬照抄，都可能造成与当地人文环境和文化根脉的“水土不服”。我总以为，佛教累就累在经籍太过浩繁，加之梵文所译过程的实际困难，佛经早在中国唐代以后就开始以浩若瀚海般的数量淹没了僧人，淹没了寺院。世界三大宗教，唯独佛经最多最杂，这是不争的事实。尽管历史上也曾有佛、道之争；佛、儒之争，但这些争论都远远不及佛教本身的争论激烈。然而，把佛教自身的争论写在书上，估计读者就敬而远之了。

还是继续说说道生的命运吧。

道生被赶出南京后，几经辗转，来到苏州虎丘。这位“一根筋”的高僧没有被同行铺天盖地的谩骂所屈服，仍然坚持自己的意见。结果在虎丘也站不住脚，于是又到庐山传教。这时有北凉昙无讖于元熙二年（421）译出的《涅经》传到建康，其中也提到“一阐提”可以成佛，这个消息顿时使众僧哑口无言。但道生终究没有再回到建康，他端坐在庐山的讲座上，正诵经文时，仙然长逝，听经的僧众无不为之动容。

有道是：高僧出名徒！弟子道生如此，师傅的修为就可想而知了。

鸠摩罗什是公元401年被迎至长安的。他在草堂寺住了12年，直到仙逝。鸠摩罗什是一个人来到长安的，还是一家人来到长安的，甚或在长安迎娶了夫人，历史没有记载。但有趣的是距离草堂寺不远的一个村子，居然名叫鸠摩罗什堡。当我听到这个村子的名称后，第一反应便是：莫非这个村子的人就是鸠摩罗什的后代？我询问过很多人，没有人能确切地给我一个答案。但至少说明，鸠摩罗什和草堂寺以及草堂寺所在的地方的人已经结下了不解之缘。他的存在已经跨越千年，今后将继续跨越。也许再过一千年，现代的一切都成记忆，鸠摩罗什依然是鸠摩罗什，草堂寺依然是草堂寺，影响着3015年的人们的生活，影响着终南山。但影响更加久远的是他所翻译的九十八部佛经，经过隋唐高僧吉藏的归纳整理，成为佛教重要的经籍。其中《中论》《十二门论》《百论》等三部佛经成为三论宗的主要依据；另一部《成实论》为成实学派的主要依据；《法华经》为天台宗的主要依据；《阿弥陀经》为净土宗的主要依据。

鸠摩罗什所翻译的诸多佛教经籍令人眼花缭乱，但三论宗有一个主张却是我们不能忘记的："众生皆佛"！在三论宗看来，一切众生本来就是佛，只因迷故，为无明妄想所蔽。若能彻悟诸法毕竟空寂，顿歇无明烦恼，除去颠倒妄想，而本有的法身佛性，万德庄严自然显现，名为成佛。尽管各人的素质高低有差，走进往生极乐世界只是迟早的事。

原来一切的一切都在两个字：迷悟！

七

西安有个大雁塔，中国人民都知道，世界人民也知道，可谓是家喻户晓，人人皆知。但有一次我站在大雁塔出口询问过十几位刚刚从雁塔下来的人：你知道“唯识宗”吗？多一半人都迷茫地看着我摇头，有一位甚至还问我：唯识宗是谁呀？

大雁塔闻名遐迩，“唯识宗”识者甚少。就像唐三藏和大慈恩寺一样，因为有一部《西游记》，唐三藏走进几乎每一个中国人的记忆，而大慈恩寺却并不见得人人知道。当年一部《少林寺》的电影，把嵩山少林寺推向世界，而与少林寺齐名的寺院在西安至少有五六家，却没有一家名扬海外。

这就是文学艺术的巨大影响力。

大雁塔、大慈恩寺、唐三藏以及唯识宗，把他们连在一起，就是一个宗教教派的兴衰史。

因为介绍这些名胜、名人的著作太多，我们必须说点一般人不知道的。

都知道玄奘取经回来，受到大唐朝野的热烈欢迎，唐太宗特命梁国公房玄龄等文武百官亲自迎接，却很少有人知道，玄奘东归前，戒日王特邀玄奘参加了印度五年一次的七十五日无遮（布施）大会，为其隆重践行。什么叫“无遮大会”？此乃印度佛教举行的一种广结善缘、不分贵贱、不分僧俗、不分贤愚、甚至不分善恶的一个平等的大会，也是一个团结的大会！而此前为挽留大师，戒日王在曲女城为大师召开了一次做法大会。这次大会五印度十八国国王悉数列席，大小乘僧及婆罗门等七千人参加，玄奘受请为论主，称扬大乘，提出论文《真唯识量颂》，并且以展板的形式，悬挂在会场门外，十八天里竟无一人发论诘难。此等风光在印度高僧中也极为罕见。

都知道玄奘西天取经是大唐王朝太宗皇帝派去的，因为《西游记》电视连续剧就是这样演绎的。其实玄奘西天取经，也是在佛教僧众的辩论会上有些理屈词穷，“莫可适从，乃誓游天竺，以问惑辩疑”（弘学著《中国佛教史》）。

玄奘从印度回来后，太宗正好在洛阳办公，除敕命房玄龄亲率文武百官迎接，还火速诏令玄奘奔赴洛阳。在洛阳宫仪鸾殿里见面后，太宗第一句话就问法师：你当年西去取经，为何不报告朝廷？玄奘说：我当时也曾上表奏请皇上，但自以为诚愿微浅朝廷不蒙允许，所以才一个人走了，此专擅之罪唯深惭惧。唐三藏说的都是实话，贞观元年（627）他曾结侣陈表，请允西行求法，但太宗并没有理会。这次取经回来，惊动了朝野，太宗才知道这个不远万里艰苦跋涉的高僧非一般僧侣，于是才开始重视他了。

都知道唐三藏曾经在大慈恩寺译经，在大雁塔存放经籍。殊不知他从印度回来后，最大的愿望是在河南少林寺译经，只因为太宗没有批准，才在那一年的三月初一悻悻地回到长安，开始在大慈恩寺译经，在大慈恩寺建塔存放从印度请回的舍利及经籍。其实唐三藏想留居河南少林寺，也是有情可原的。他本是河南人氏，十一岁时便跟着他出家的二哥入寺学习《法华经》《维摩经》，十三岁时便在洛阳净土寺出家。后来由于战乱，三藏跟着二哥漂流到四川，后来又到长安拜师。再后来毅然西行，穿越茫茫的戈壁沙漠，出玉门，过高昌，翻凌山，越葱岭，在那烂陀寺学佛五载，在南亚北部访师参学，在印度度过了他最宝贵的 17 年的青春年华。回到故土时已经功成名就，睹物思情，叶落归根，也在情理之中。

都知道唐三藏毕生事佛，圆寂在长安。却很少有人知道，他自印度回来，先后多次有入仕升官的机会，却屡邀屡拒，连皇上都有点不耐烦了，但他依然故我，把寺院当成自己的归宿。他从印度回国之初，太宗就开始劝他弃缁还俗，“助秉俗务”。缁是什么？就是指和尚穿的黑衣。助秉俗务其实就是要求玄奘出庙入仕，服务朝廷。玄奘说：“今遣从俗，无异乘流之舟使弃水而就陆，不唯无功，亦徒令腐败也。愿得毕身行道，以报国恩，玄奘之幸甚”。

唐太宗曾经三次规劝玄奘还俗从政，都被婉拒。到了唐高宗李治，仍没有放弃这位一心修佛的僧人。玄奘拒绝了李治，李治也拒绝了他再次要去少林寺译经的请求。玄奘终于死心塌地落户长安，并先后在弘福寺、慈恩寺、玉华宫等地翻译佛经，期间还在慈恩寺建设了一座仿制印度的砖塔，也就是今天我们看到的大雁塔的前身。但玄奘监工垒砌的砖塔，仅仅几十年后就坍塌了，毕竟他不是一个建筑学家，译经是内行，建塔是外行。现在我们看到的大雁塔，只是在玄奘建塔的原址上，由武则天和王公大臣捐钱修建，又经过五代和后唐长兴二年修葺的。

也许由于长年累月的鞍马劳顿，也许由于繁重的工作，玄奘没有高寿。他在六十多岁时就积劳成疾，664 年 2 月 5 日示寂。好在当时大唐王朝还在兴盛时期，为安葬这位在中国佛教历史上独一无二的高僧大德，朝廷罢朝三日，民间空巷，百万信众护送玄奘灵骨归葬白鹿原。669 年朝廷又改葬大护国兴教寺。

谁曾想到，仅仅一百五十年后，政局就发生了天地翻覆的巨变，兴教寺成了残桓断壁。为了保存师傅的灵骨，有寺僧曾携灵骨到终南山紫阁寺安葬。到了大宋王朝，金陵天禧寺和尚朝山时在一座危塔下发现法师灵骨，竟亲自背负千里，迎归到天禧寺安奉。日本占领南京后，在一次遗址发掘中发现安葬玄奘灵骨的石函，因迫于舆论压力，日方与汪伪政权协商将灵骨一分为三，先后安置在南京和北京。西安大慈恩寺虽然是玄奘生活过 19 年的地方，也只是在上世纪末多次请求，才从南京灵谷寺迎回了玄奘师傅的顶骨舍利，安奉在今天玄奘三藏院的大遍觉堂。其他的灵骨已经漂洋过海，到了台湾，到了日本，到了印度。

三藏从印度迎取了多少佛经？点击百度就一目了然。至于经文的内容，也不是本文可以说清的。还是老规矩，用几句话概括之。

唯识宗因强调不许有心外独立之境而得名，又因指正一切事物的相对真实（相）和绝对真实（性）而得名“法相宗”，其主要理论为“三性说”“五重观法”“因明学说”。所奉经籍是《唯识二十论》《大乘庄严经论》《成唯识论》《分别瑜伽论》等。

唯识宗发展到今天，唯独“瑜伽”经久不衰，且已成为世界推崇的健身之功。

佛与女人

有一首曾被广泛传唱的歌曲《女人是老虎》，我第一次听到这首歌，恰好刚从寺庙里出来，老实说心里非常吃惊，也感慨这首歌的词作者的良苦用心。

小和尚下山去化斋，

老和尚有交待：

山下的女人是老虎，

遇见了千万要躲开！

……

把闯进小和尚心里的“老虎”赶出来，不是一件容易的事情，需要“动之以情，晓之以理”，再加上寺庙高墙的阻隔和老和尚日以继夜的监督，估计小和尚心里的那只老虎不被赶出来，也会闷死在心里。

所以说，佛教首倡要信众们断绝“六根”，出家也许是唯一的好办法。

一个人但凡皈依佛门，就有出家不出家的艰难选择。出家的崇佛者，被称为和尚或比丘尼，而不出家的崇佛者，则被称为居士。和尚出家按照佛教的说法，就是了断身根，从此不再念想。而且“慎勿视女色，亦莫共言语。若与语者，正心思念：我为沙门，处于浊世，当如莲花，不为泥污”。假如真的见到女人，“想其老者如母，长着如姊，少者如妹，稚者如子，生度脱心，熄灭恶念”。

我们生活在凡尘俗世的人们很难想象和尚出家之初的艰难抉择：未婚的丢下父母；已婚的抛妻弃子！对人而言，丢弃人世间的亲情固然不易，断绝“六根”，尤其是断绝爱欲，就更难了。早期的佛经如《四十二章经》就已经认识到：“人系于妻子舍宅，甚于牢狱。牢狱有散释之期，妻子无远离之念。情爱于色，岂惮驱驰？虽有虎口之患，心存甘伏。投泥自溺，故曰凡夫；透得此门，出尘罗汉”。

有道是“江山易改本性难移”，人的本性食与色，谁能轻易禁绝？不管职位高低，贫富贵贱，胖瘦黑白，亦男亦女，作为地球上的动物之一，断绝爱欲则肯定与人性相悖。

几千年以来佛教一直面临着这样的困惑。

早在佛教初创时期，那些云游四方的佛祖们就面临过类似的考验。不然的话，佛经上咋会有专门的文字演绎人世间男欢女爱的生活场景和“莲花宝座”这些奇妙的现象呢？尤其是佛祖“三圣”，几乎清一色的非男非女的形象，一直困扰着善男信女。

其实佛祖坐在菩提树下，突然开悟，其中就包括人在性欲上的摆脱。

早期的一些佛经，由于深受古印度种姓制度和世俗父系社会的影响，首先把人的爱欲泛滥归咎于女人。

《大智度论》也好，《摩诃止观》也好，《法华经》也好，《无量寿经》也好，对女人都有不恭敬的言词。

“女子有六欲：色欲，形貌欲，威仪欲，姿态欲，言语欲，细滑欲”（这在很多佛经上都有描述）。《法华经》说：女子有五障，故不得作梵天王，理由是女人的身器欲染；不得作帝释，理由是帝释勇猛少欲，修持善根，女人杂恶多欲；不得作魔王，理由是女人轻慢嫉妒；不得作转轮圣王；不得作佛。如来行菩萨道，闵念一切，心无染着，乃得成佛。女人之身口意业受情欲缠缚，则不得作佛。《增一阿含经》说：女人有五想欲，不净行、瞋恚、妄语、嫉妒、心不正。《毗奈耶杂事》说：女人有五种过失，瞋、恨、作恶、无恩、刻毒。《正法念经》说：女人有三放逸，自持身色、自持丈夫、骄慢。《大藏法数卷十六》说：女人要三从，在家从父、出嫁从夫、夫死从子。

世界上本来只有男人和女人。不曾想文明进化到一定程度后，居然对女人采取如此不堪的贬低手段。不仅是正统的中国儒家对女人说三道四，就连西方的思想家萨特先生也曾撰文贬低女人。萨特虽然一辈子因嫌弃女人而未婚，却一直与一位女性同居。而佛教的佛经对女人采取种种贬低和近乎污蔑的言辞，并不是佛教就真的看不起女人了，只是佛教经籍的作家们心里也明白：贬低女人，无非是要出家的和尚远离女人。除此之外，我还想不出有更多的理由，把世界上半数的人拒之于佛教的庙堂之外。

一直到今天，寺庙里还有一堂名为“断念想”的功课，要求和尚们把裸体女人想象成一个个骷髅，借此抑制自己的性冲动。据说这样想象的时间久了，和尚们就对女人产生了逆反心理。可是，庙堂的大门又不可能只对男人开放，众多的善女子该如何面对寺院里的住持、方丈、乃至一个个光头秃顶的和尚呢？

佛与女人的问题，开始并不是问题。

早期佛教对人世间的男欢女爱并无鞭笞，甚至还有详细的记载。且看《佛说秘密相经》：“作是观想时，即同一体性自身金刚杵，住于莲华上而作敬爱事。作是敬爱时，得成无上佛菩提果，或成金刚手等，或莲花部大菩萨，或余一切逾始多众。当作和合相应法时，此菩萨悉离一切罪垢染着。如是，当知彼金刚部大菩萨入莲华部时，要如来部而作敬爱。如是诸大菩萨等，作是法时得妙快，乐无灭无尽。然于所作法中无所欲想。何以故？金刚手菩萨摩诃萨，以金刚杵破诸欲故。是故获得一切逾始，多无上秘密莲花成就”。

按照台湾作家李敖兄的理解，“金刚杵就是男性生殖器，莲花就是女人阴部。佛经中认为性交是‘敬爱’的事，由此生出一切贤圣，成就一切殊胜事业。这种对性的赞美，真是古今罕见了”（见李敖大全集）。

今天的寺院庙堂之上，西方三圣之首的阿弥陀佛也结跏趺坐在莲花上，双手仰掌足上，掌中托着一个莲台，似乎在指引众生往通西方佛国净土。大慈大悲的观世音菩萨则身着白衣，坐在白莲花之心，一手持一只净瓶，一手执着一朵白莲，直观的感觉就是观世音超凡脱俗，远离尘世。

有人认为这是佛教教义与莲花的品性有关。莲花出淤泥而不染，正反映出佛教的要义所在；还有人认为，这是佛教在初创时期受古印度人崇尚莲花习俗的影响，甚至在佛教经典之一的《百缘经》里，释迦牟尼就被称为“莲花王子”。

《华严经》里，对佛教的“莲花宝座”解释得更加详细：

大莲花者，有四义：一如在泥不染，在世不为世污；二如莲花自性开发；三如莲为群蜂所采；四如四德——香、净、柔软、可爱。

五十卷的《三藏法数》将莲花比作菩萨的十善，其中就有“不与恶俱。菩萨行，唯欲灭一切恶，生一切善，于身口意守护清静，不与纤毫之恶共俱”。“成熟清静，菩萨修因既圆，妙果成熟，而慧光发现，能使一切有情见闻之者，咸得六根清静，比喻莲花成熟，若眼睹其色，鼻闻其香，则诸根示得清静也”。六根又是哪些根呢？六根者，眼根、耳根、鼻根、舌根、身根、意根。

一朵生于污泥之中的莲花，居然在佛看来，就能了断六根，其中的“身根”，不正是人的生殖器官吗？在佛的眼里，只有这朵无性繁殖的莲花，才能解决人不通过性交就可以繁衍的问题，难怪莲花上经常可以看到新生的圣子呢。

诸位若是还不相信，就不防再读读《无量寿经·第十七泉池功德》，也许就更加释然了。

“又其讲堂左右，泉池交流。纵广深浅，皆各一等。或十由旬，二十由旬，乃至百千由旬。湛然香洁，具八功德。岸边无数旃檀香树，吉祥果树，华果恒芳，光明照耀。修条密叶，交覆于池。出种种香，世无能喻。随风散馥，沿水流芬。又复池饰七宝，地布金沙。优钵罗华、钵昙摩华、拘牟头华、芬陀利华，杂色光茂，弥覆水上。若彼众生，过浴此水，欲至足者，欲至膝者，欲至腰腋，欲至颈者，或欲灌身，或欲冷者、温者、急流者、缓流者，其水一一随众生意，开神悦体，净若无形。宝沙映澈，无深不照。微澜徐回，转相灌注。波扬无量微妙音声，或闻佛法僧声、波罗蜜声、止息寂静声、无生无灭声、十力无畏声，或闻无性无作无我声、大慈大悲喜舍声、甘露灌顶受位声。得闻如是种种声已，其心清净，无诸分别，正直平等，成熟善根。随其所闻，与法相应。其愿闻者，辄独闻之，所不欲闻，了无所闻。永不退于阿耨多罗三藐三菩提心。十方世界诸往生者，皆于七宝池莲华中，自然化生。悉受清虚之身，无极之体。不闻三途恶恼苦难之名，尚无假设，何况实苦。但有自然快乐之音。是故彼国，名为极乐”。

“十方世界诸往生者，皆于七宝池莲华中，自然化生。悉受清虚之身，无极之体”。仅仅这一句，就一切都昭然若揭了。

把莲花视作繁衍工具，其实也是不得已的一件事。世界三大宗教，唯独佛教戒律规定自己的信徒要断绝身根，弃之爱欲。殊不知这样以来，伤害的却不仅仅是女性。

我就曾遇到一位曾经信佛的女居士。有一次她偶然翻看一本印刷质量粗糙的佛经，便十分不悦。因为她看到佛经上有几句对女人不太恭敬的话语，心里十分反感，从此以后就不进寺庙，也不提修佛的事情了。有一次聚会我偶遇她，才知道她心里的魔障。于是我谈了自己的看法：

世界三大宗教的教义中，都或多或少的有一些歧视女性的文字。但这些早期的受一定历史局限的文字，并没有阻挡住千千万万女性步入宗教场所的步伐。因为有点历史常识的人都知道，宗教的产生历史并不长，佛教的历史最长，或充其量只有两千多年。而两千年前的人类已经进入到父系氏族社会，女人在父系氏族社会的地位本身就不高。宗教的诞生离不开现实的历史背景，我们阅读一下当时社会的言论，就有不少文字充满了对女性歧视的内容。一直到近代，这样的情况并没有根本扭转。且不说古罗马时代的事情，以中国论，儒家的经籍中就有不少埋汰女性的文章，包括大圣人孔子也曾说过：“唯女子与小人难养也”。西方文艺复兴时期的大思想家叔本华曾经写过专门贬低女人的书籍。由此可见骂归骂，却没有人敢于保证说，他这一生能离开女人。就算佛教寺院里的和尚都不折不扣地断了“六根”，也不敢妄言自己和女人没有一点关系，毕竟他也是女人生的。没有女人的十月怀胎，就不会有孔子，不会有叔本华，当然也不会有寺庙里的和尚和比丘尼。

客观而不是偏激地阅读佛经，我们会发现，佛教教义中的绝大多数内容还是主张“众生平等”的，尤其是佛教经籍中关于消除人的贪、痴、瞋、恚等方面的内容还是闪耀着与日月一样的光辉的。既然信教，就应该像佛陀一样，有包容之心。世界上的事情，包容了，心里的很多瞋恚就消散了。反之，就可能很压抑。

当我们走进佛教寺院，就如同走进一所学校，应该在精神上有一种“过滤”的意识，把真正需要继承的东西继承之，把真正需要发扬的东西发扬之。同时也要涤荡那些流传千年的文化糟粕。

信佛是一种精神寄托，而寄托并不等于一切顺从。对待任何宗教，都应该留有余地，而不是盲从和迷信。就像对待自己的父母一样，纵然都有敬老赡养之责，也要在思想上有所鉴别、有所区分、有所保留。人世间总会有个别的父母是糊脑子，百依百从只会带来伤害，而不是幸福。

当一名和尚不容易

三百六十行，就有“和尚”这一行。和尚者，僧侣之通称！但为什么要把僧侣称之为和尚而不称其他？据《辞海》的解释，原来是梵文翻译成汉语时一种并不确切的音译，确切的翻译应该是“邬波陀耶”。多亏不确切，真的确切了，这寺庙里的和尚统统被称为“邬波驮耶”，该多拗口啊！

据懂梵文的人说，和尚在梵文里的意思就是“师”，是古印度人对“亲教师”的称谓。到了中国，和尚指的就是那些出家修行的僧人。西晋之前在中国因为还没有形成女性出家修行的大气候，所以个别出家的女性也被称为和尚。西晋时有一位姓仲的少女常为贵族子女教授琴艺书画，被当时一位法师借调到寺庙里帮忙，从而接触到佛经。她对佛经产生了极大的兴趣，就询问师傅出家的事情。当得知中国还没有女性出家的戒律，出家女性依男性出家时的戒规时，于是她被师傅起名“净检”并受了十诫成为出家人。到了西晋咸康年中，僧建法师从西域月支国带回了《僧祇戒》的经文，净检与同修的三人一起受具足戒，标志着中国第一位佛教比丘尼的诞生。此后，出家人中开始男女分称，和尚就成为男性出家人的专用称呼了。

和尚一词，颇有讲究。“和”乃三界（三界：欲界，色界，无色界；《华严经》的三界指法界，心界，众生界）之统称；“尚”乃至高无上之意，所以和尚是一个尊称。只有那些堪称人师的人才被称为“邬波陀耶”，而“邬波陀耶”的中文名称就是和尚。

出家为僧，就要告别父母，告别兄弟姐妹，这与中国“父母在，不远游，游必有方”的文化是相悖的，不能接受的。但是佛教义理的吸引，使一批又一批的青少年离开了自己的父母，离开了自己的家，来到寺庙这个静谧又神秘的地方，开始新的生活。

正如任何的宗教有规矩一样，佛教也有佛教的规矩。当然佛教的这些规矩在佛教初传中国时，基本都是印度佛教的规矩，其中不少还有印度人生活的一些习惯。后来经过中国文化的融合与改造，很多新的规矩诞生了，当然也会烙有中国文化和中国人生活的许多痕迹。对此本书将在有关章节中予以介绍，这里只讲和尚的故事。

俗人出家也有年龄的限制。一般 20 岁前出家的不叫和尚，叫沙弥，沙弥也是梵文，梵文的意思就是息恶行慈。年满20岁要受比丘戒，梵文比丘的意译就是“乞食”之意，不但从此乞食，还乞佛法呢！成为比丘后，就可以称和尚了，但是五年之内还不能做出家同道之师。

在外表上，和尚要剃度，就是要把头上的头发剃光。为什么要这样做？解释是牵强的，却一直遵守了两千多年。当初悉达多·乔答摩对迦叶等五人说法时，就剃了他们的头发，理由是头发代表着人间的烦恼和习性，去掉头发，既消除了这些烦恼和习性，也消去了人的骄慢和牵挂。这使我想到古代中国人对待头发的态度。曹操自己犯了错，按理说要杀头的，可是他只剃去了一小撮头发，就表示已经惩罚了自己，可见头发在中国人的心里很有分量。

佛教刚传入中国时，中国的和尚也曾剃头，也曾身穿缦衣。但除此之外，就没有什么讲究了。这引起印度和尚的不满，他们拿来戒律，对中国的和尚进行了改造。

出了家、剃了头，还不能成为和尚。这时候有一个传戒的规矩。传戒在寺庙里是一件非常严肃的事情，犹如总统宣誓，寺庙里的宣誓则是设戒坛，举行授戒仪式。

曾有人托我向寺庙打听出家的事儿，我说不用打听，按常识论，只要你个人自愿，家庭同意，且无债权债务，无重大疾病，就可以了。后来见到终南山观音寺的主持询问，果然如此。只是寺庙里还要求此人要在庙里结识一位和尚，就像入党要寻找介绍人一样。由认识你的和尚把你推荐给寺院，经过住持召开一定范围的会议研究，认为你已经达到出家入寺的标准，你就可以办理出家的手续了。不是你想出家就可以直奔寺庙，后悔了再回去。但事实上这类不懂规矩的人还真不少，经常有一些人贸然闯进寺院就要当和尚，闹得寺院哭笑不得。也有人漂流社会无处栖身，便来到寺院栖身保命，毕竟在寺里有吃有喝。二十世纪五十年代、六十年代和七十年代这类人还真不少，一些寺庙里的住持就是在那个时代不经意间成为和尚的，有个别人后来还成为佛教界的代表人物。但在当年，他就是一个割麦赚钱的麦客，因为没有赚到回家的钱，又饥寒交迫，于是就来到同样零落的寺院，当起了义务清洁工，时间一长就跟着仅有的一两位和尚念经打坐，再后来就成了寺庙的和尚了。

今天的终南山以及终南山下由西安行政管辖的地方就有一百余座比较正规的寺庙，如果再加上终南山茅棚，总共约有 2000 多和尚、比丘尼及类似于和尚和比丘尼的出家人。他们来自各个省市，成分十分复杂。既有因为经济困难投奔寺庙的，也有家庭不睦愤然出走的，还有夫妻离婚逃离现状的，甚至也有不满社会逃避现实的，更多的人则是因为各种各样的家庭问题、生活问题、经济问题以及感情困扰而有意远离红尘、求佛问路的。只有少数人出于敬仰佛法、一心崇佛的目的出家的。我曾在南五台下一个只有十余平方米的小屋见到过一位自称出家的人，他说了很多自己的故事，但是一打听，基本都是他自编自演的，其根本原因就是他太懒，不想通过劳动谋生。

我于2008年后曾经在终南山拜访过数十位僧侣，足迹也曾遍及大多数比较有名的寺院，也曾有人不止一次地问我：当今终南山还有几个高僧大德？

的的确确，在这座孕育过中国佛教六大宗派的高山峻岭里，真正意义上的高僧已经很少很少了。

任何的行业其实都有相同的规律，没有做不好的事情，只有做不好事情的人。人才已经成为寺庙十分窘迫的现实问题，对此本书将专题探讨，本章还是要说说和尚的故事。

如今的和尚除了寺庙通过一系列的考核和设坛授戒外，也有一套管理制度，比如“度牒”或称“戒牒”的颁发。

所谓“度牒”就是和尚的身份证明，犹如凡尘的身份证或者工作证、学生证。

历史的中国，“度牒”的颁发始于北魏。大唐开元十七年（729），朝廷下令天下僧尼每三年进行一次造籍登记。唐代前期所颁发的“度牒”详细记载了僧尼的本籍、俗名、年龄、所属寺院、师名等资料。僧尼有了“度牒”，不仅有了身份，还可以免除各种徭役税赋，所以唐代的“度牒”有很高的含金量。正因为如此，一些官员就开始在“度牒”上大做文章了。安史之乱后，朝廷颁发“度牒”就要收所谓的

"香火钱"了，后来干脆采取买卖"度牒"的办法。到唐肃宗时期，朝廷"买卖度牒"已经成为官方财政收入的一部分，唐以后情况曾有好转。因为"度牒"屡屡被取消，又屡屡被恢复，一直到清朝乾隆、嘉庆后才彻底废止。

说明什么？佛教的风气本来就和社会风气息息相通。没有执政者的清正，就没有社会的清正；没有社会的清正，就没有寺院的清静。

菩萨与功德箱

绝大多数的寺院庙堂之内，除了庄严的佛像，还有一个蹲在显眼位置的木箱。木箱的上边有条一指宽的缝隙，前边吊着一把黑色的冰冷的铁锁。这就是所谓的功德箱。

庙堂里设功德箱，不知道从哪一年开始，只知道那一个寺院里都必不可少。

这当然不能责怪端坐在庙堂之上的佛了。佛虽然有一双洞察尘世的法眼，却眼睁睁看着众生昏昧，把自己的血汗钱塞到这个佛不拿钥匙的木箱里；佛虽然有一张能道破天机的嘴，却不能告诉全天下的人们，佛既不吃又不喝，生如来，去如风，从来都与金钱无缘。

功德箱里的钱去了哪里呢?

著名的佛祖舍利塔所在地的法门寺，在曲江管委会的精心打造下，已经成为关中数一数二的大型佛教寺院。但是，当有香客把一张百元人民币塞进存放佛指舍利大殿内的功德箱后，他就后悔了。因为香客发现，紧邻着这座新建的大殿东侧，居然还有一座寺——法门寺，寺院里端坐着释迦牟尼的镀金塑像，塑像下也放着一个深红色的木箱，木箱上赫然写着“功德箱”三个字。这位香客犹豫很久，又从口袋里掏出一张百元大钞，塞进了这个功德箱。当那张百元大钞落入后，随即就响起几声浑厚的锣声。与和尚的闲谈中，香客了解到，西边的那座巨手合十的高大建筑是由西安曲江文旅集团投资兴建的新殿，管理不归和尚，归曲江文旅集团公司，连同佛指舍利，都在其中。只有在固定的时间，比如新年法会，佛指舍利才在工作人员的操作下，缓慢的从地下自动升起。至于这里边的功德箱，则无论从形状上，还是摆放的位置上，都和寺庙一模一样。谁能断定把供养的香火钱塞进这儿或塞进那儿有不同之处？

客观地而不是片面地看问题，我们还要承认西安曲江管委会在开发西安旅游文化产业方面所做出的巨大贡献。尤其是曲江文旅集团在管理上的能力，已经使包括扶风法门寺、终南山楼观台在内的好几个景区一跃成为西安形象的一张张名片，而过去的楼观和法门寺却与如今的华严寺、至相寺等没有多大的区别。所以，对于曲江文旅开发佛、道历史名胜的做法，历史将会有一个公正的评价。然而，今天的法门寺或者楼观台，却存在两个性质完全不同的佛、道场院，一个是由和尚或道士主持的寺院，一个是由当地政府或曲江文旅集团管理的法门寺和楼观台景区，两者并不是一回事。这就使人非常的纠结。究竟哪一个才是正宗的佛、道弘法的地方？哪一个才是正宗的历史文化景区？看来在开发历史文化景区这件事情上，政府及政府派出的相关机构和宗教场所的和尚、道士都还没有琢磨透，甚至还没有一个双方都能接受的好办法。辛苦的只是那些前来参访的游客或者信众了，他们不但要掏双重的门票，而且还要产生满脑子的疑虑，使本该轻松的身心变得沉重而不安。

大殿上敬奉的释迦牟尼和太上老君，咋就不能显显灵，说说法，及时而合理地平息这一场纷扰呢？

其实任何一个寺庙以及寺庙里的功德箱，都不是乔答摩的财产，更不是观世音菩萨的财产。佛没有财产，佛只有一颗慈悲的心。人一旦和财富结缘，心就不可能多么慈悲。财富这东西，犹如一只魔杖，拿在谁的手里，谁就可能头晕眼花，不能自持。或至多找一个公平的砝码压在魔杖之上，不要让魔杖肆意挥舞。

寺庙里的功德箱，据说都是由专人保管。其收入主要用于寺庙自养。

我信佛几十年，总有一个挥之不去的疑问：当年佛祖为什么在创立佛教时，非要追随他的人出家当和尚？既然出家了，就预示着没有了基本的生活来源，寺庙可以容下躯体，却解决不了肚子的问题。人总归要吃饭，念佛固然会消除一切烦恼，却不能消除肚子饥饿的烦恼。人在烦恼与生存之间，哪一个更紧迫？

于是就只有指望香客们供养了。

香客养活着和尚，和尚负责为菩萨站岗。

在人口稀少的历史时期，这种关系可能会被另一种现象取代。曾经就有不少的寺庙自己开垦土地，自己动手，丰衣足食。但在人口越来越密的现代，甚至就在历史上那些盛世年代，和尚已经开始有了生存之忧了。历史上较大的四次法难，有两次是因为朝廷和民间养活不了和尚，才迫使朝廷强行“灭佛”的。唐武宗李炎固然崇尚道教，也曾想自己长生不死，但是全国四万四千六百所寺院，二十六万五千名僧侣，都要朝廷和香客供养，负担有多重，不言自明。“三武一宗”的灭佛行径，既有佛教与执政者的观念之争，也有实际的负担之忧。正因为如此，曾经当过和尚的朱元璋一开始执政，就严格限制佛教寺院和僧尼的数量。在吃饭这件事情上，一旦有了危机，谁都不会照顾谁。

说了这么多，功德箱的钱到底应该花在哪里？

真正的高僧大德，一般都不会拿功德箱里的钱给自己买车买房的，更不会拿钱改善和尚的伙食的。他们拿钱只有一件事，就是建庙。且不说历史上无数的高僧为延续佛教寺庙的香火做出了多大的贡献，仅从改革开放的 1978 年开始，终南山的寺庙就有了不小的变化。这些变化，除了国家拨款修建了一部分外，其余基本都是由信众供养的。终南山有一座屹立在山口的寺院圣寿寺，主持这座寺院的是一位比丘尼。我曾经到过这座小寺。尽管很小，却也建有一座大殿，最近几年还翻修了明代遗留的一座殿堂。

圣寿寺的香客很少，靠他的功德箱积累，恐怕一百年都建不起一座大殿。但是，大殿建起了，靠什么？就靠师傅的弘法大愿，就靠师傅的勤俭节约。这位一声不响，没有名气，也没有显赫的皈依居士的住持，把信众供养的钱都用来建设寺庙了。寺庙本不是某一个人的财产，他是社会之财。

一座庙有了大殿，就有了安置菩萨的场所。没有大殿也能称之为寺庙，但弘法的力度就要大打折扣了。难怪不少的寺院住持花尽毕生精力，留下一座或数座寺庙，就是他最大的功绩之一。

今天依然光彩四射的寺庙，绝大多数都是历史上由朝廷敕建的，靠信众发愿建设的比较少见，但多数较小的寺院则无一不是信众发愿建设的。有了这些坐落在这片土地上星星点点的寺庙、道观，我们的精神就有了皈依。

问题是，多大的寺庙才是不劳民财的寺庙？就同当今的机关办公一样，一个20平方米的办公室和一个200平方米的办公室的区别在哪里呢？区别就在豪华的程度不一样。奢靡始终陪伴在中国人的内心里。当权力没有笼子约束时，办公室就必然要200平方米的，甚至更大更豪华。反正花钱花的是民脂民膏，又不是坐办公室的人自家的。

寺庙的建设也一样会面临这个尺度的把握。佛祖放弃了本该就有的豪华，甘愿清贫，甚至乞食度日，为的就是能悟出一个道理来。人的生活，究竟什么才是必不可少的，什么才是恰如其分的，什么才是安然幸福的，什么才是极乐往生的？当至相寺的方丈再次发愿要扩大他的面积时，尽管这位已经圆寂的著名法师释如成当时很有钱，但我还是两次劝他放弃扩大建设规模。因为至相寺的房子已经足够上百名和尚弘法、生活了，实际在至相寺登记注册的和尚才十几个人。

而今的寺庙，有穷的，也有富的。有富庙穷方丈，也有穷庙富方丈；有穷庙穷方丈，也有富庙富方丈。一般的状况是：穷庙的方丈多数都很穷，富庙的方丈多数都很富。有一座地处旅游景点的寺庙，仅一年的门票收入就有上亿之巨，这儿的方丈据说仅坐骑就是一个普通中国工人一辈子的生活费。难怪他几乎每一年都要协同电视台搞一次或者几次全国性的祈福法会，因为有钱。宗教也好，国家也好，个人也好，对待钱的态度应该是一样的。不可有病，不可无钱。尽管佛教经文屡屡对贪财之人警示劝告，但任何的寺庙，没了钱，照样心急火燎。人在喂养自己的事情上，和其他动物并无二致。那座总是开办祈福法会的寺庙，我总想劝劝他的住持，为何不拿些钱财办一所教会学堂或者教会医院呢？看看台湾的佛教，几乎大的寺院，都有自己开办的医院或者学校，包括日本，他们的佛教还是从中国引进的呢！可是，我没有机会表达，估计表达了也不会有结果。祈福法会不会给任何人带来实际的福分，却会给寺院和寺院的住持带来知名度，难怪都热衷于这件事。

远在美国的基督教也有一些令我感慨的事情。我的表妹五年前去了美国。在教会的帮助下，她度过了一段极为艰难的寂寞时光，又在教会的帮助下，克服了生活上许多难以想象的困难。在她看来，教会就是另一个家。联想到我们的佛教寺院和道教的道观，几乎没有一所能扮演这种角色，但不知道为什么。以慈悲为怀的佛教，更应该关爱人，包括关爱那些皈依的弟子。任何人都会在人生的旅途有绊磕，有困危，他们既需要家人和政府的接济，也需要宗教的关怀和帮助。

历史上有些名气的出家人，要么像善导，克自奉公，粗茶淡饭；要么像杜顺，救死扶伤，不涉分文；要么像丘处机，以自己的影响力影响帝王，救民众于水深火热。尽管他们的能力有限，但有一点很重要：他们都和金钱没有多大的关系。

一座寺庙，假如也像有限责任公司一样靠“经营”维持和发展，就和佛旨背道而驰了，也和信众的期望背道而驰了。

那些还要信众买票才能进入的寺院，不妨把门关了，还社会一个清静。

佛能帮你什么忙

不知道从何时起，寺庙作为旅游景点风靡中国。“下车进庙，旅馆睡觉”几乎成为随团旅游的一种定式。后来有所改变，进庙没有取消，购物却增加不少，世界级的景点只让你走马观花几十分钟，然后就把你拉到由不法商人和旅游公司勾连在一起的所谓珠宝店、特产店。尤其是号称世界级购物天堂的香港，居然把游客圈在一家珠宝店几个小时不让出来，里边的空调直吹得游客喷嚏连连，导游却没有丝毫的怜悯，据说不买够设定的数额，她就不会放人。可见人在利益面前，是多么的无耻！

为何旅游公司很乐意把寺庙当作景点推而广之？不是因为旅游公司崇尚宗教，而是绝大多数寺庙不收门票。

游客到了寺庙，首先看到的就是雄伟的大雄宝殿了。进到大雄宝殿，释迦牟尼挺拔的塑像会立即使人有一种敬畏的感觉。再看看释迦牟尼身后的观音菩萨、普贤菩萨、文殊菩萨、地藏菩萨，一个个神情专注，庄严肃穆，更使游客们噤若寒蝉，出气似乎都有点不太顺畅了。于是，立即就有人开始下跪，开始上香，开始往功德箱里塞钱，开始给佛祖祈求、许愿。祈求佛祖们保佑自己长命百岁，保佑子孙事事遂顺，保佑生意日进斗金，保佑仕途一马平川！据说在菩萨面前没有人有所顾忌，几乎要把自己所有的艰难困苦都交给菩萨，把所有机遇幸运都让菩萨赐给他。极少有人在菩萨面前祈求风调雨顺、国泰民安，极少有人在菩萨面前想一想，菩萨究竟能给你做些什么？

然而，从庙里出来的人的表情没有不轻松不惬意的。好像进一次庙，这人世间的烦恼就会烟消云散，好运气好兆头就会接踵而至。其实，菩萨也有菩萨的烦恼。

芸芸众生，对生活的要求犹如芝麻开花节节高，对钱财的贪恋犹如万丈深渊不见底，对菩萨的期望犹如茫茫苍穹无尽头。就算菩萨有求必应，也有烦累的苦恼，也有枯竭的无奈。有谁曾想到过，庙堂上端坐的菩萨，原来也是人做的泥身。她能帮你很多忙，她什么忙也帮不了你！此话怎讲，且听我慢慢道来。

曾经有一位事业有成的老板对我说，他不求人，就信菩萨。这些年在菩萨的加持下，才取得了骄人的成绩。我没有反驳他，只是问他：另一些同样信佛的人为何在商场一败涂地？更多的信佛者也一直艰难谋生，并没有像你事业有成？他无言以对，问我因由。我说：事业的成败得失，是多种因缘的集合，营生本来就充满着不确定性，佛经里没有赚钱的秘诀。

成功的人终归有成功的理由。睁眼看看现实世界的商业巨人，竟然在完成资本的原始积累时，总会把一只脚踩在别人的肩膀上；竟然在利益面前，不曾说过一句真话、实话、人话。当然也有一些成功者是在别人不敢涉足的地方，奋不顾身地跳下去，捞到了第一桶金；也有成功者在众生怯场的旅途勇往直前，最终走出沼泽，走向阳关大道；也有成功者把别人做不好的事情能做好，把别人不屑的机会演变成一次华丽的转身！成功是一个多面的镜子，谁照到自己，都会有自己的真面目，外人咋能看清其中的门门道道呢？

佛教的经籍义理没有事业成功的秘诀，佛陀只是以自己的苦行告诫天下，人生是一场没有结果的旅途。热衷于人世间的声色货利，就犹如热衷于用一条条绳索吊在自己的脖子上，也许能腾空而起，也许就堕落了。而菩萨所尊奉的道理其实就是一个“觉”字。菩萨这两个字的梵文直译就是“菩提萨埵”，意译的话，菩提可译为“觉”，萨埵可译为“有情”。如果把菩萨意译，就是“觉有情”了。“觉有情”：觉悟的有情的，不难理解。

菩萨修行从来都是以自利利他为主。四大菩萨中，文殊也好，普贤也好，观音也好，地藏也好，没有哪一位能给你指出一条生财之道，也没有哪一位就站在你发财的道路上阻挡你。菩萨只是告诫你“四大皆空”，所谓地、水、火、风，都不属于你，属于谁？就属于大自然。一切的一切都不会是“我”的，我在哪里？“我”就在涅槃寂静中。

菩萨也能帮你很多忙，甚至可以帮你发财致富，只要不是牟取不义之财，菩萨都能帮。

大乘佛教就有“六种法门”即可“度”人从烦恼的此岸到觉悟的彼岸。“六种法门”可谓条条道路通罗马，有六个能到彼岸的路径！

布施是其一。布施也有三种法，财施乃施舍财物给贫穷的人；法施是将真理告知求法的人；无畏施就是保护大众不受惊扰，使人无恐怖进而大无畏。菩萨的修行布施，能够帮助人克服悭吝、贪爱诸烦恼，能与众生同利乐。试想，一个有着共同致富情怀的人，有着“事情大家干，有钱大家赚”的胸襟的人，他做起事来是不是有人帮，有人扶。一个有人帮有人扶的人成功的概率是不是很高？那些只进不出的人，贪占悭吝的人，岂能在社会上有一席之地？我告诉那位成功者，你就是因为修佛修出了一点门道，才有了长足的进步。

持戒是其二。尽管佛教的戒律对出家人很严，对在家修行的人也有常人难以遵守的戒律。但是，任何有一定生活阅历的人都深切地体会到，人的很多生活，并不是越复杂就越幸福。

往往简单的生活给人所带来的福祉并不少。金钱固然可以买房置业，固然可以给幸福带来保证，但是，人生太多的“享受”其实是没有必要的，繁琐的，有时甚至是多此一举的。在一些人的身体内，过多的口福意念常常会使一个人的负担过重。那些所谓的富贵病不正是奢侈的生活所带来的吗？这不是所谓的“酸葡萄”心理，而是佛陀善意的规劝，立意就在帮助一个人防止身、口、意的一意孤行所造成的恶业。

忍辱是其三。人与人之间的情感利害需要忍辱，做生意搞项目需要忍辱，仕途的升迁沉降需要忍辱，生活的寒热饥渴需要忍辱。那些动辄就怒发冲冠的人，那些眼睛里揉不得沙子的人，那些一点亏都不能吃、一点辱都不能忍的人，是注定在人生的舞台上扮演不了叱咤风云的大角色的。但凡有些大成就，则无不能忍辱负重。佛陀为了普渡众生，忍尽一切难忍，为的是断除嗔恚烦恼，而人的不幸正在于无日不生的嗔怨、瞋恨和恚愤！佛教的十恶中，“嗔恚”是其中之一，此恶就在意业中，多少人罹患绝症，都是因为没有跨越这一关。多少人的聪明智慧本来足以成就些事业，却因为心理上的这个恶魔没有缚住，以至于自我消耗，自毁前程。

道理很简单，我们不是生活在真空中，更不是生活在充满智慧的理想国。我们的周围被偏执、偏见、傲慢、自私、自负、懵懂、愚昧等一切的恶习刁行所笼罩。尽管也不乏宽容的理智的大度的惊喜，但是多数情况下，我们都是在不断的争斗中落落前行，在得失的困扰中郁郁升华。听一句菩萨的话，你纵然没有胜读十年书的感慨，却不至于总是在晦暗中摸索。人啊人，很多人嘴里说，我不图名不图利，我已经看破红尘，我已经超脱了，其实很多时候，我并没有亲见几位真的脱俗者，只是一些人好了伤疤忘了痛，仅此而已！都说终南山有隐士，其实真的想逃离繁华、隐迹于山林者少之又少。我曾走遍终南山的沟沟坎坎，却不曾遇到几个真的隐居者，甚至连真的修行者也极少遇到。因为在终南山，能忍寂寞者，能像大唐时代的司马承祯一样的人寥寥无几。暂时栖身于高山之巅，仅此而已。

精进是其四。自度、度他，自觉、觉他，是菩萨的境界。凡人能做的只是不要半途而废，不要在懈怠中忘了使命。“九十步半百步”，在人的世界中屡见不鲜。做任何事，只要无害社会，利己利他，都应该是善行善举。但问题是很多时候我们走着走着，就忘记了方向，忘记了自己。

禅定是其五。菩萨在任何时候都很淡定，因为菩萨既没有利害的纠结，又没有血缘的牵挂，更没有起伏忐忑的心。菩萨终究是菩萨，一个泥塑的神像。我们却不同，我们有血有肉，有担心有牵挂，有利害的冲突，有是非的纠缠，有对卑贱与尊贵的直观感受，有对文明与野蛮的基本判断。我们是人，却要像神一样，在浮华的人世间保持禅定。尽管做起来很难，却仍有必要尽心尽力去做，因为我们所肩负的责任难以推脱。一个人真的学会禅定了，估计就出人头地了。

智慧是其六。智慧是梵语“般若”的意译。佛教的智慧是指超越世俗虚幻的认识和达到把握真理的能力。其实人世和佛世对智慧的认识差距不大。荷马就曾说过：智慧的标志是审时度势之后再择机行事。通俗的讲，智慧就是指一个人的“远见卓识”，是智者的一种能力的体现。什么能力？感知、知识、记忆、理解、联想、情感、逻辑、辨别、计算、分析以及判断，等等。菩萨修行的智慧和我们凡间希翼的智慧有些差别，但目的却毫无二致，都是帮助我们摆脱愚痴的。菩萨的智慧，就是告诫我们与一切功名利禄是非曲直都保持一定的距离。唯独距离才能产生美，唯独距离才能看清事物，也唯独距离，我们才能在窘迫中成功的转身。

佛经如瀚海，一辈子只读佛经恐怕也很枯燥。读那些易读的，就像读书一样，不能不加区分。因为佛经和其他宗教的经文一样，经历过太多的修正增减，已经成为沉重的累赘了。一个出家人尚且不敢妄言能通读佛经，更何况我们普通人？再说，世界上不会有一本放之四海而皆准的书籍，包括佛经。既不能保证他句句是真理，也不能保证他句句不是真理。

全在于我们自己。

写完这一章的第二天，正值初夏时节，我便应邀与原《延河》的主编徐岳先生去了一趟岐山周公庙。徐老对古树很感兴趣，退休后又开始学习硬笔绘画，所画皆树。而我，却对周公庙里一处敬奉送子观音的殿堂产生了兴趣。听周公庙时任馆长杨先生讲，逢年过节，送子观音殿堂前总会聚集成百上千的香客。今年的庙会因为人多，还惊动了岐山公安现场维持秩序。我想，人多应该不会成为多大的问题，毕竟这座周公庙占地上百亩，足以容纳万人聚会了。但是我没有想到，成百上千的香客都要沿着一块巨大的石头爬到两个白玉石的送子观音跟前摸摸他的头，以至于送子观音如蜡的身躯已经斑斑污渍了。为什么要摸呢？恰好又来了几位香客，我便好奇地询问这个问题。一位衣着时尚的中年女性大笑，继而说：摸到那儿，就能保佑。保佑什么呢？摸到头，就能保佑孩子考上大学；不生孩子就摸一摸送子观音的肚子……。从周公庙出来，我就想好了，一定要给这篇文章加一个结尾，告诉那些不辞辛苦摸观音的人们：考大学的事儿真的和人家送子观音没有一点关系。假如你家的孩子没有读书的天分和毅力，凭你摸一下，就能改变命运，这个世界可能没有人再学习了。孩子没有把学习搞好，就算你把送子观音搬到你家供上，也不会有任何的大学通知书寄到你家，除非是那些骗钱的野鸡大学。至于生子问题，菩萨也很纠结，不然的话，观世音为何要坐在莲花之上呢？真的想生孩子，就不要为难送子观音，自己好好享受，总会有结果的。如果真的要听菩萨的话，估计就悲惨了。菩萨可是一直主张戒色的，不然咋会在佛经戒律中弄一个出家的规矩呢？

“因果报应”的“因”与“果”

佛教经籍中，既有“业报”的说法，也有“六道轮回”的说法，还有“三世因果论”的说法，其核心就是四个字：因果报应。

佛教的“业报”论分两个层次，一个层次是“业”，一个层次是“报”。在佛看来，人的思想活动、言语、动作都是“业”，俗称“三业”。这些活动必然会形成某种后果，佛教管这种后果叫“业报”。既有业报，也就有好坏、优劣的区分，善业有善报，恶业有恶报，正所谓“恶有恶报，善有善报”。

然而，现实的生活千姿百态，各种因果五花八门。尤其是一些人的“恶业”居然没有得到应有的报应，而另一些人的“善业”却遭遇种种不幸。于是，佛教经过修正，又推出一个六道轮回的学说，意思就是人的一切身、口、意业，既有明显的可观性，也有很大的隐蔽性。报应也一样具有多变性，或许现时报，或许现世报，或许未来报，或许三世报。总而言之，人生就像车轮，往复循环，流转无穷，但无不经历六种境界，即：地狱、饿鬼、畜生、阿修罗、人、天。人的最终的归宿将要在两个范围里选择，要么是地狱、饿鬼、畜生；要么是阿修罗、人、天。据此我们可知，佛教的因果报应包含两个内容：一个是现世的因果报应，一个是未世的因果报应，他们都对信众构成了深刻的精神影响。

因果报应的问题并不简单。如果人世间真的能做到因果报应，并且如佛经所言，恶有恶报，善有善报，就算是三世报应，也会在人类社会形成巨大的颠覆性的价值取向。可惜，因果报应的事情并不如此。或者说这种理论只能在现实社会形成部分的合理性，用严密的科学方法论证，则明显有逻辑上的漏洞。

讲两个我曾亲历的故事：

2010 年我曾拜访隐居在终南山的某法师，并且与法师有过一段愉快的交往。法师在东北有几座大庙，他发愿要在终南山建立新的寺院，于是来到终南山，就住在石砭峪深处的高山之巅，后又在沣峪四十多公里处的观音山建立了一座小庙。有一次师傅在石砭峪一处废弃的学校操场举办法会，来者既有他名下的数十位出家或在家的僧侣、信徒，也有西安一所大学的几位研究佛教的老师，还有当地不少的村民。法会临结束时，法师做了总结讲话，他说：刚才听到村里人说，有一个没有参加法会的村民在半山上摔了一跤，受了伤，这是佛的报应。法会结束后大家和师傅有一个小范围的交流活动，我几次都想纠正一下师傅这种牵强附会的报应说，但因为“气氛很好”，也就欲言又止了。后来我把我的观点说给了师傅的弟子，对方答应转告给师傅。不久，有一位法师的崇拜者对我说，师傅的随从弟子中，有一位和我一姓的居士，曾经被医院诊断为肝癌。这位和我年龄相仿的法师弟子没有住院，而是走出家门，来到寺院追随法师开始念佛，几个月后并不见疾病有加重的趋势，再后来做了检查，居然好了。从此以后他就寸步不离法师，一直坚持到十年后的现在。我曾经询问过他，得到肯定的回答。在与几位崇佛居士的探讨中，多数人都认为，那个跌下山崖的村民就是得罪了佛祖，而不治自愈的癌症患者就因为信佛。我以为，这样的观点没有说服力。掉下山崖是因为不小心，和他参加不参加法会没有因果关系。因为据我所知，那天没有参加法会的村民并不止受伤的村民一个人，而且也有上山砍柴、采药的，为什么都能平安无事？难道佛祖也有“势利眼”不成？一个偶然事件，就拿来归之于“因果报应”，未免有点太直接、太随意了，而且经不起推敲。至于老高的命运，我也不能说就是信佛的结果。世界很大，什么事都可能发生，包括个别身患癌症不治自愈的。有一位中学教师身患肝癌，她绝望地痛哭了一个晚上，然后就上路旅游去了。从满洲里大草原转到天涯海角，一直在外漂泊了三个多月。她不想回来，因为大夫曾经告诫她，好好配合治疗，也许能熬过春节。她在春节前回到家时，已经是七个月以后了。在家人的陪同下，她来到医院做了检查，结果是：身体健康！这件事曾经登载在销量很大的《读者》上，哪一年哪一期我已经记不清了。按照医学的观点，癌症也好，其他的疾病也好，都会有不治自愈的可能性。人的身体本身就有调节的功能。当环境变换后，身体所接纳的各种信息乃至刺激就随之发生变化。这种情况下，疾病也有可能发生变化。当然不是所有的肝癌患者变了环境，就能不治自愈，唯有特殊情况才会有奇迹发生。这就是所谓的数学概率中的随机事件。

在一定条件下可能发生也可能不发生的事件，叫做随机事件。

我们思考问题应当着眼于必然事件，而不是随机事件。

另一件事发生在南郊的一座寺庙里。我应邀给这座寺庙的比丘尼咨询土地方面的政策，尽管不止一次听说她曾经在一所大学当过老师，但是她先后两次告诉我，附近一个人对寺庙有意见，经常来寺庙找茬。结果呢？被佛祖惩罚了，最近他连续患病折财，再也不敢为所欲为了。我问她，一个附近村子里的小组长，能在寺庙索取什么贿赂呢？比丘尼说，他想在庙里承包工程，所以就经常找茬。我说：承包工程也不是坏事情，为什么佛祖要惩罚他呢？比丘尼说：他承包工程是假，讹人是真。原来比丘尼看不惯这号人，所以就推理推出一个坏人来。所以就上秉佛祖，让佛祖惩罚他。我为此专门对此人做了一些了解。他的确想在寺院承包工程，平时的作为，也就是平时的心、口、意都有些恶业。但他患病却是子虚乌有，不再“骚扰”寺庙，是因为他有了新的工程。一个有着几百名信众的比丘尼，一个有着大学文化的比丘尼，居然这样理解“因果报应”，的的确确令人瞠目结舌。

凡世间作恶者，当限制在一定程度内，可能会有法外之人；当十分隐秘时，可能会有漏网之鱼。法网恢恢，疏而不漏，其实只是一个理想境界，在现实中做不到。但是，作恶的人终究会有被惩治的一天，前提是他的恶业达到了刑法所界定的程度或者超越了社会容忍的底线，并且有人追究。就算有些小恶之人，也不是就没有报应。但同时也应该清醒地认识到，人群中那些恶人，并不是人人都会遭到报应，有时候连庄严的法律都难以奏效。正因为如此，恶人才不绝迹，好人才不能舒展眉目。

总体说来，“善有善报、恶有恶报”是一个随机事件。我们著书立说的人当有责任告诫天下：随机事件随时有可能发生，也有可能不发生，就像那位老高的命运一样。

佛教对中国人生活的影响中，“因果报应”是影响最大的义理之一。

连中国人民解放军的创始人之一陈毅将军也曾断言：善有善报，恶有恶报。不是不报，时候未到，时候一到，必然报销！民间中国更是口口相传，人人自律。“种瓜得瓜、种豆得豆”，就是中国民间流传最广且深入人心的普世价值观。其实他就出自佛经《涅槃经》中：种瓜得瓜，种李得李。但人的得失观却有着极大的差异。

法律的社会学意义就在于他界定了恶报的标准。可是很多事情法律一时半刻还没有发挥其威力，于是就有了民间的标准了。尤其是在一个法治观念尚未形成的社会，人的行为往往很容易走极端。

就在本书准备出版时，手机微信爆出了一个牵扯到上亿中国人的大讨论：对人贩子该怎样判刑？

我听到这个消息后，最直接的反应就是感到莫名其妙。法律有关于人贩子的惩治标准，至于这个标准失之于宽或失之于严，可以通过修改进一步完善，完全用不着在手机上掀起一场近乎全民参与的大讨论。讨论什么呢？居然讨论要给人贩子统统判死刑。这使我想起发生在二十世纪八十年代的一件事：

某食品公司一家商店用米猪肉熏制腊肠，被曝光后经理和党支部书记都被依法逮捕并判刑了。然而，当事件刚刚刊登在这个城市的报纸上时，居然激起强烈的“民愤”。据说每一天这家公司都要收到来自全国的控诉信，其中有60%强烈要求将经理和书记枪毙！多亏当时的地方法院没有被民众的情绪所感染，只是各判处有期徒刑五年和八年。后来听说出狱后的两个人都曾申诉，要求平反。理由是：他们用于加工香肠的米猪肉属于可食用的轻度米猪肉，只要加工工艺规范，就无需承担刑事责任。在我们国家要平反一件错案是艰难的、漫长的。至于这起案件属不属于平反之列，没有一家媒体或者法院说话。既然没有官方的正式意见，我们暂且把案件的对与错放下不表，经理和书记该不该被判死刑的讨论，就已经使人强烈地感觉到：很多时候所谓的民意，其实就是一群乌合之众的聒噪。我以诚实的态度告诉大家：国家有规定，轻度的米猪肉（在平均每 $40cm^2$ 的肌肉断面上，有猪囊虫三个以上者，不准食用；三个以下者，可以煮熟或做成腌肉、肉松等出售）是可以食用的。用符合规定的米猪肉加工香肠，并不犯法。那家商店的经理和书记如果用符合规定的米猪肉加工香肠会不会承担刑责我不知道，但我知道此种行为肯定和被枪毙相差十万八千里。如果当年写信要求枪毙的人看到我的这本书，不妨和我联系联系，我就想问一问：您当时写信时受过多少法律知识的教育？假如您就是一个法盲，我就建议：在事情没有弄清前，最好闭上嘴。

恶有恶报，也不是无限制的报应。就像拐卖儿童的罪犯，也要分一个主次以及手段的恶劣程度等，一律枪毙的话，所引发的连锁效应一定会非常负面。幸运的是国家没有交到这些极端人员的手里，才不至于开展一场大规模的枪毙运动。

其实极端的思维方式在我们周围并不鲜见，甚至连一些年纪不小的老者在言语上也时常有些极端的言论。有一位较知名的作家曾经在一次聚会上说：应该把麦子涨到20元钱一斤，让农民都过上好日子。我说，麦子涨到多少，不能由某一个人说了算，应该听市场的。假如真如老兄所言，社会早就乱套了。我善意地奉劝他说话办事首先要把自己的坐标确定好。只有三百六十度的视角，才能基本看清事物的整体，只看到一个侧面，千万不敢妄发议论。

恶报也好，善报也好，都需要法律做为支撑。没有法律的保障，任何的恶行都可能逃脱报应。所以佛教的因果报应，依据的还是法律，只有法院才能界定一个人或一件事是否违法。菩萨不但不能给恶行者以恰如其分的报应，甚至连善行者都难以保护。社会的公平正义终究还是要依靠法律及其健康的舆论氛围共同维护。

人生苦多　何以解脱

我读《金刚经》，老实说连囫囵吞枣的水平都没有。恍惚中似有两个人在对话，一个是佛，一个是须菩提。对话的内容玄妙而深奥，我等凡夫俗子难以理解，只是隐约中感觉到他们在讨论一件事。这件事正是人活在世上有多苦。但佛没有明说，只是说，世界上一切事物都是虚幻不实、飘渺无形的，人应该远离一切诸相，更不能有任何的留恋和执着。尤其是经文最后的几句偈颂，更使我如入云雾之中不得张目："一切有为法，如梦幻泡影，如露亦如电，应作如是论"。原来这世界，竟如梦、幻、泡、影、露、电！人生的无常已经跃然纸上了。

不知道写作《金刚经》的大师当年的生活状况如何，竟然如此悲观。我仅以一个现代人的感受和视角，把现代人的生活之苦说一说，不知道能不能确切地表达出那六种人生境界。

人生累，人生苦，不如意事十八九。

就算幸运地活到八十岁，也只是29200天。

人一生经历的感冒会有200次，一次平均有7天的痛苦，一生就有1400天在感冒的痛苦中度过；人的消化系统、神经系统、泌尿系统、心血管系统、淋巴、骨骼、五脏六腑、七窍九孔，乃至皮囊，一生中总会有某一个地方出现故障，大致的情况是150次，或食管反流、或神经炎、或尿路感染、或心动过速、或牙龈肿胀，或皮肤瘙痒，或口舌生疮，或耳鸣目赤，等等等等。非绝症，却带来不下于1000个日夜的苦痛。健康状况稍差一些的人就更有度日如年的感觉了。有人一生都在被一种叫痔疮的痼疾陪伴着，另一些人则毕生都要与高血压为伍。而人生六十岁以后的日子，大致会有三分之一的时间是被各种疾病折磨的，这又是2400天。

很少有人一生不住宾馆的，同样很少有人一生不住医院的。包括父母、孩子等家人住院期间的陪护，连同日常的就诊，最保守的估算，人一生在医院的日子要超过600天。

高血压、心血管病、糖尿病、内风湿、尿毒症等不会立即要命、却给人带来巨大的痛苦。各种疾患占人群至少三分之一，你不幸染上，痛苦的日子就会直线上升，甚至会占去生命的一半光阴；就算很幸运，家人也难逃苦难，给生活平添了不少于900个寝食难安的日子。

还有人见人惧的癌症，一生能逃避癌症的折磨，却难逃预防的纠结，这种生活中的忧虑或者阴影，若用数字代替，也会剥夺你500个阳光明媚的好日子。

人生不由己，来到这个世界纯属偶然。前三年，你几乎什么都记忆不到，虽然有一条鲜活的生命，却只能如狗狗一般听任别人的摆布。后三年，你几乎什么都不想看到，整日沉浸在回忆中，为生命的短促叹息，为自己的一生悔恨。这种残年剩月，只是一种无可奈何的延续，并无任何的质量可言。又是2600天过去了。

仅仅这些，人的一生的接近三分之一原来是在不快乐或者自己感受不到快乐的状况下度过的。

人生有两大幸福之源，一曰性，一曰食。

男女交媾的确是人生一大幸事，此乃人之快乐的极致。但是，自有了一夫一妻制度，人的这种幸福已经大打了折扣。

真正意义上的快乐也就几年的光阴，而换算成数字，会少得可怜。前提是夫妻俩尚能相互欣赏，尽情释放。大致的情况是：20岁开始到30岁，隔天有性事，也就1800次，一次的大概率也就10分钟，还要排除性冷淡、阳痿、夫妻不睦等因素，性福也就二周；30岁到50岁，三天一次，依然保持着比较旺盛的性趣，也就2400次，快乐的日子大致有三周；50岁一过，好夫妻也已经厌倦了，一周有一次已经被公认是频繁的，到彻底不再勃起，或充其量只有一周的性福。

当然，性福并不仅仅是当下的感受，一个经历了极致的云雨交合的人，会有大约三到五天快乐的、回味的日子。但是，这种快乐往往会被远远大于他的性压抑以及夫妻之间的不和谐取代了。事实上只有大约10%的夫妻是能够和谐相处的，而90%的夫妻则靠忍让、欺骗维系着婚姻。

很少人把性福这件事吊在婚姻这一棵树上。

于是情人就应运而生了。

但情人也有情人的苦恼。我有一首歪诗就是指情人的困惑的：找个姑娘做情人，感情专又真。但也有烦恼，情到浓烈时，她要你离婚。找个少妇做情人，肯定爱不深。你想她时她想他，眼神漂移太分心。找个大妈做情人，不如自己享独身。脸似黄蜡不忍睹，真要上床就犯晕。找个小姐做情人，真情犹如海捞针。自古婊子无情义，金钱买肉难买心。

情人所带来的快乐往往与其所带来的苦恼如影形随。仅凭肉体那种一时半刻的快乐，其实并不足以安慰人饥渴的心灵。但是假如深入进去，演变成一场惊心动魄的灵肉之交，那么所承受的伤害以及痛苦就大了。因为一个人经历婚姻的变故，对其心灵的伤害是很大的。可是总会有两成多的人不得不在婚姻的围城里进进出出，其人生的痛苦可想而知。

有人对此进行过调研，结果是：60%的婚姻并不幸福，20%的婚姻如入人间地狱，却难以摆脱。那个曾经和自己睡在一张床上的人原来正是自己的冤家对头。没有他，也许你的生活会是另外的一种感觉，或至少不至于长久地生活在压抑和蹂躏中。

更多的难以启齿的却是婚姻中的性事的不和谐。没有几对夫妻在床上是高潮迭起的，极致的性生活更是凤毛麟角，多数都是在开始时的性别之差所带来的吸引力所致，不久就寡淡无味了。

感情问题也有点张冠李戴。《婚姻法》声称爱情是婚姻的基础，但绝大多数人的所谓的爱情其实就是异性相吸的惯性所致，没有几个人能清楚地意识到他所爱的人具有何种与众不同的品质。

多数人因为麻木，因为世俗的裹挟，才不得不为自己建立一个婚姻的宫殿，并企图以此作为人生的港湾。其实认真追究，没有几个人会把自己的配偶当成无话不谈的挚友，没有几个人不是以丢弃自由、禁锢精神成全婚姻的。自从你走进婚姻这个五光十色的围城后，你丢掉的快乐比你得到的快乐要多得多。

人的悲惨莫过于有着强烈的性欲。假如人在这个问题上觉悟了，苦恼将会大大减低，世界也将会是另一个样子。

至于婚姻以及婚姻以外的情爱性爱等一切涉及男女关系的问题，几乎无人不曾经历过妒火中烧、猜疑怨恨、欺哄瞒骗的折磨，包括那些所谓的精英。凶杀案中大约三分之一就是因此引发的。多少人因为不幸的婚姻陷入绝望，多少人因为男女情感的纠结走向极端？尽管没有人统计过，但问一问周围的人，看一看周围的人，会使我们不得不对男女关系产生强烈的忌惮。

男女关系所带给我们的幸福与苦恼折算后，就有大约2000个苦不堪言的日子。

有婚姻就有子女。当你开始怀孕时，你就预示着今生今世都会有一个不能舍弃的牵挂了。不但心灵从此不会有一刻的安宁，精神、肉体也都难以摆脱。

一个孩子呱呱坠地，预示着一对父母甚至父母的父母将打破往昔的宁静，开始一种全新的、忙碌的生活状态。幸福的感觉不是没有，幸福之外所感受到的是无穷无尽的琐碎及生活的负担，犹如大山般开始压在你的身上，永远都不会摆脱了。当孩子连续高烧不退，甚至开始抽搐，往医院狂奔的感觉犹如跌到地狱一样的恐怖；当孩子放学后不见回家，暂时寻找无果，那种疯狂，那种绝望，会成倍地折损人的寿命和快乐的感受的。至于真的从此丢了孩子，他们的这一生就只能用“孤独孤独，望断天涯路”来形容了。

社会的几近无情的竞争，也使我们的生活出现变异。考试就像鬼门关，从7岁就开始，一道道、一重重，望不尽，走不完，滴洒着孩子的眼泪，饱含着父母的心血。

养一个孩子，大约会折合一个人一生2000个牵挂、担心、忧虑等令人窒息的日子。

吃饭是快乐的时刻。

人一生用在吃上的时间大约375天，但多数人的一生因为吃出了毛病，导致痛苦的时间据说与此相等。还有一些人因为只顾了口福，疏忽了肠胃，引起胃炎、肠炎、胰腺炎等疾患，大大降低了由于吃饭所带来的愉悦。看看医院里就诊消化内科的病人，百分之九十都是吃出了毛病，而人是很难管住自己的那张嘴的。

兵荒马乱时担心吃不到嘴里，这种经历在很多人的记忆中难以抹去，至今世界上还有约10%的人为吃饭发愁。没有饭吃，对人的生命会构成直接的威胁，对人的人性也会构成致命的伤害。在食物短缺或者干脆就没有食物的时候，人真的不如一条狗活得潇洒。历史上人相食的惨状曾经屡屡出现过，为吃饭大打出手也并不稀罕，甚至还有人为了缓解饥饿难耐，竟然不惜撑死吃下石头（见《明史》）！

有了饭吃，就开始讲究了。普遍的传统是吃些大众都感到美味的东西。湖北人吃热干面，四川人吃担担面，东北人吃粉条炖肉，新疆人吃手抓饭，真可谓：一方水土养一方人。特殊的讲究则匪夷所思。广东人以吃蛇为乐，江浙人以吃鱼为重，内蒙人则把牛羊肉视为最好的美食，陕西人的一碗瓤皮、一个肉夹馍就是最解馋的好饭了。为吃的事，人几乎用尽了毕生的精力，其劳心的程度和得到的快乐能不能对等，也许只有天知道！等老了，才会意识到，人世间的享受，特别是嘴上的享受，往往都是建立在痛苦的基础上。看看那些喝醉酒、躺在街头浑身污垢的先生，你就明白吃货的痛苦有多深。

工作了！

问这世界，有几人对工作不曾厌烦？

连美国总统林肯也慨然：干这事就像在地狱里当差。多数人一生都是把工作当成不得不为的生计，风霜雨雪，酷暑盛夏，都得上班。上班所消耗的除了肉体，还有精神以及大脑。除了解决人与自然的问题，还要解决人与人的问题，更多的纠结正是人与人的问题。芸芸众生中，总会有一些奇葩式人物夹杂在我们中间；同行的路人中，总会有一些心怀鬼胎的恶棍随时会给我们使绊子。但不上班是无以为继的，人来到世界，总是要喂养这个五六尺高的躯体。不但要喂养自己，还要喂养别人。一日不养，一日无精神；三日不养，三日头眼花；七日不养，七日就可能一命呜呼。一命呜呼后用不了几天，躯体就臭不可闻了。

上班的岗位千千万，只有大约百分之十几的人对自己的岗位是满意或者比较满意，多数都在咬着牙关艰难度日。一个人的一生大约有35年要工作，或充其量只有四五年感到快乐，其余都是在惶恐、愤懑中度过。上班给人生所带来的苦恼将占去人生不下于3000个日子。

以上的前提都是在和平的环境下。如果不幸生活在第二次世界大战时期，或者更不幸是一个犹太人，而且就住在波兰，那么进到奥斯维辛集中营，就算能活着出来，也是毕生的绝对的痛苦，而真正能活着出来的人少之又少。在偏执的希特勒看来，一条生命犹如一棵小草，可以随意的用脚踩，也可以随意的用火烧。任何人，包括美女，包括哲学家，在希特勒那儿，瞬间就变成一条毛茸茸的小虫子。希特勒犹如一只雄鸡，想吃你的时候，只是头一眨的功夫。哲学家萨特说，他人就是你的地狱。如果不幸生在 2008 年的中国汶川或者 2015 年的天津港，惊天动地的那一个瞬间，也是令人毛骨悚然的。而此类灾难每时每刻都在世界各地上演，总会有一些倒霉的人逃不掉。

佛说，人生就是一个悲剧。道教以为人生悲剧在于有生死，似乎长生就可以避免人生的悲剧。正因为如此，道教才宣扬长生久视的教理。其实人生的悲剧不在生死，在没有选择。天下人有谁来到这个世界，是自己愿意来的？不仅生无选择，很多事几乎都无选择的权力，当然也包括死亡。既然人生如此痛苦，何不一死一了百了？因为死对于人，是比一切更痛苦的事情。人生于世，只能减少痛苦，不能消除痛苦。

佛就给人说了：与其这样痛苦地活着，不如皈依佛陀，悟些门道。

于是，佛说：不论你是国王、王子、百官、宰相、比丘、比丘尼、十八梵天、六欲天子、庶民、黄门、淫男、淫女、奴婢、八部鬼神、金刚经、畜生、乃至变化人、但解法师语，尽受得戒，皆名第一清净者（见《梵网经》）。

且慢：戒之前，先要“十发趣心向果”；“十常养心向果”；“十金刚心向果”；“十地向果”。然后有“十重戒”、“四十八轻戒”（见《梵网经》）。如此结果，必定出脱苦恼。

在佛看来，“舍心”才是超脱的法宝。“若佛子，一切舍。国土、城邑、田宅、金银、明珠、男友、己身、有为诸物，一切舍”（见《梵网经》）。“吾视王侯之位，如过隙尘。视金玉之宝，如瓦砾。视纨素之服，如敝帛。视大千世界，如一诃子。视阿耨池水，如涂足油。视方便门，如化宝聚。视无上乘，如梦金帛。视禅定，如须弥柱。视涅槃，如昼夕寤。视倒正，如六龙舞。视平等，如一真地。视兴化，如四时木”（见四十二章经第四十二章达世知幻）。

然后是“戒心、忍心、进心、定心、慧心、愿心、护心、喜心、顶心”（见《梵网经》）。其中喜心要做到“见他人得乐，常生喜悦”；顶心要做到“灭无我轮、见、疑、身、一切嗔等”；愿心要做到“以果行因故，愿心连。愿心连续百劫，德佛灭罪”（见《梵网经》）。

佛陀主张，十长养心：慈心、悲心、喜心、舍心、施心、好语心、益心、同心、定心、慧心。十金刚心：信心、念心、回向心、达心、直心、不退心、大乘心、无相心、慧心、不坏心（见《梵网经》）。

然后就是戒了。杀戒、盗戒、淫戒、妄语戒、酤酒戒、说四众过戒、自赞挥地戒、吝惜加毁戒、嗔心不受悔戒、谤三宝戒以及不敬师友戒、饮酒戒、食肉戒、食五辛戒、不教悔罪戒、不供给请法戒、懈怠不听法戒、背大向小戒、不看病戒、不畜杀具戒、国使戒、贩卖戒、谤毁戒、放火焚烧戒……（见《梵网经》）

以佛经《梵网经》的布局，了却一个人的在生之苦，先要从心上做功夫。唯有“心垢灭尽，净无瑕秽，是为最明”（见《四十二章经》）。

然后就好办了。佛教的戒律之多，堪称诸教之最了。真的都按照这些戒律办事，人的生与死，也就无所谓了。既然生死就在“呼吸之间”，又何必贪图那些无谓的享受呢？

只是人活于世，生死固然重要，声色货利也一样重要，没有几个人能像佛经所言，断了这个断了那个。直到告别的那一天，还念念不忘悼词对他的评价呢。

佛教与俗世谁在影响谁

佛教对历史的中国和现实的中国都有着举足轻重的影响，就连我们的日常生活，也已经被深刻地影响到方方面面。

如果说生活中的祭祀和道教密不可分，那么生活中所讲的因果则与佛教的传入有直接的关系。包括中国人的思维方式、处事方式，都已经烙上了佛教的印记。

据说有一位哲学家撰写中国哲学史，结果写到半截，就写不下去了，原因是这位学者对佛教缺乏研究。后来这位学者曾多次感慨地说：中国哲学，不能绕开佛教，因为佛教对中国人的哲学思想影响太深了。

正如文化大家季羡林所言：中国的哲学、文化、思想、语言、音韵、建筑、舞蹈等无不深受佛教的影响。研究这些东西，不首先研究佛教，是不可能有成就的。

点击百度，就有数以千计的文章论述佛教对中国哲学、文学、音韵、绘画、雕塑、建筑、舞蹈等的影响，读者有兴趣的话，可以直接点击百度，就会一目了然，本文将不再涉及这方面内容。

仅对佛教留存在中国人日常生活以及观念上的痕迹举出一二，权且当作读者茶余饭后的消遣。

佛教对我们日常生活的影响既广泛又深刻。一直到今天，我们在生活中所悟出的道理其实有很大一部分就是从佛教那儿继承来的："吃一堑长一智""雷声大雨点小""当一天和尚撞一天钟""道高一尺魔高一丈""善有善报恶有恶报""跳不出如来佛的掌心""冤有头债有主""阎王撞见鬼""跑了和尚跑不了庙""救人一命，胜造七级浮屠""前言不搭后语""挂羊头卖狗肉""苦海无边回头是岸""泥菩萨过河，自身难保""求人不如求己""好事不出门恶事行千里""百尺竿头更进一步""平时不烧香急来抱佛脚""无事不登三宝殿""放下屠刀立地成佛""退一步海阔天空""丈二和尚摸不着头脑""不看僧面看佛面""见怪不怪，其怪自败"等。这些道理原本就是佛教经籍中的观点，经过岁月的加工演化，既成为今天人们生活的口头语，也成为当今社会普遍遵行的价值观念和行为准则。

至于从佛教经籍中所演绎的成语就更多了，几乎每一个人的每一天，都会随口拈来佛教的梵韵禅语："借花献佛"、"一丝不挂""七手八脚""龙飞凤舞""在劫难逃""安身立命”“脚踏实地”“隔靴搔痒”“现身说法”“火烧眉毛”“清规戒律”“大彻大悟”“大慈大悲”“千差万别”“大千世界”“开花结果”“不可思议”“五体投地”“牛鬼蛇神”“六根清净”“心猿意马”“本来面目”“叶落归根”“生老病死”“功德无量”“头头是道”“灰头土面”“耳根清净”“有口皆碑”“自由自在”“劫后余生”“安身立命”“抛砖引玉”“想入非非”“超凡入圣”“冤冤相报”“逍遥自在”“救苦救难”“神通广大”“顶礼膜拜”“枯木逢春”“皆大欢喜”“泥牛入海”“别开生面”等等等等。这些成语都是佛教经籍的语言或者语意，经过与中国文化的嫁接后形成了新的成语。

人们生活中的口头禅或者简短的日常用语也有不少的佛教语言，只是习惯成自然，没有在意罢了。

“身心”“供养”“舍身”“取经”“命根”“放下”“单位”“定力”“宗旨”“实体”“空想”“实际”“奇特”“相对”“绝对”“转变”“律师”“前身”“真心”“真实”“真空”“真理”“真谛”“恩爱”“祝愿”“觉悟”“圆满”“烦恼”“浩劫”“欲火”“普遍”“游行”“割爱”“感应”“解脱”“演说”“翻案”“现在”“导师”“安详”“忏悔”“色相”“弘扬”“正宗”“心量”“公案”“手续”“上供”等。这些随便列举的日常用语，已经涉及到我们生活的方方面面。可以毫不夸张地说，我们今天的语言，与佛教的影响密不可分。离开了佛教，我们连正常而准确的表达都很困难。

至于我们的生活，则无不存留着宗教的痕迹。圣诞节肯定与基督教有关；而农历春节前的祭灶则与道教不无关系；再早一些的农历腊八节，则是佛教徒为纪念释迦牟尼成道而形成的一个风俗。据说释迦牟尼为寻求人生真谛和生死解脱，放弃了王位，在雪山苦行六年，依然不得悟道。于是他放弃了苦行僧的生活，但身体已经孱弱不堪。有一位牧女用乳糜供养他，才使他起死回生。随后他于菩提树下入定七日。在农历的腊月初八深夜，释迦牟尼仰视苍穹繁密的群星，幡然所悟。佛教传入中国后，中国的佛教徒便将这一日定为纪念日。曾有佛典记载：腊月初八，恭遇本师释迦如来大和尚成道之辰，率比丘众，备香花、灯烛、茶果珍馐，供于释迦牟尼佛像前。春节过后的正月十五灯节，其实就是佛教徒欢庆释迦牟尼降魔的节日。这一天晚上点燃各种彩灯，以庆贺佛祖的伟大功绩。后来又与中国传统的道教节日相结合，形成今天的元宵节（上元节）。

汉魏及汉魏之后的中国文学也曾深受佛教的影响。“高秋八九月，白露变为霜。终年会飘堕，安得久馨香?”（汉宋子侯诗）“秋风萧萧愁杀人。出亦愁，入亦愁。座中何人谁不怀忧？令我白头”（无名氏）。“青青陵上柏，磊磊涧中石。人生天地间，忽如远行客”（无名氏）。“人生寄一世，奄忽若飚尘”（无名氏）。“驱车上东门，遥望郭北墓。白杨何萧萧，松柏夹广路。下有陈死人，杳杳即长暮。潜寐黄泉下，千载永不寤。浩浩阴阳移，年命如朝露。人生忽如寄，寿无金石固。万岁相更迭，圣贤莫能度”（无名氏）。著名的政治家兼诗人曹操的诗也许更能体现出当时社会人心那种飘忽不定、寻求解脱的心境：“对酒当歌，人生几何？譬如朝露，去日苦多”；“坐盘石之上，弹五玄之音，作清角韵，心中迷烦”；“神龟虽寿，犹有竟时。腾蛇乘雾，终为土灰”。

有人统计说，当今留存的五万多首唐诗中，就有大约10%的诗和佛教有关或反映佛教义理的；一千多名唐代著名的诗人中，就有三成以上的崇佛者。其中最著名的盛唐诗人兼居士的就有青莲居士李白、香山居士白居易、摩诘居士王维、耐辱居士司空图等。到了宋代就更多了，几乎所有的著名诗人或词人都有居士的名号。如号称六一居士的欧阳修，号称东坡居士的苏轼，号称淮海居士的秦观，号称易安居士的李清照，号称后山居士的陈师道，号称鹿门居士的米芾，号称石湖居士的范成大等。至于这些诗人兼居士的著名作家的作品中，有着道风梵韵的诗作更是浩若瀚海，举不胜举。一些有名的诗词，也处处彰显出佛的境界。如唐代诗人王梵志的诗《吾富有钱时》：吾富有钱时，妇儿看我好。吾若脱衣裳，与吾叠袍袄。吾出经求去，送吾即上道。将钱入舍来，见吾满面笑。绕吾白鸽旋，恰似鹦鹉鸟。邂逅暂时贫，看吾即貌哨（貌哨：脸色难看）。人有七贫时，七富还相报。图财不顾人，且看来时道。王梵志所描绘的唐时人趋炎附势、嫌贫爱富的生活图景经过一千多年的演变，似乎并没有从我们的生活中消失，而他诅咒这些只顾贪图钱财的势利小人的办法却是佛理的因果报应，这种想法在今天的中国依然有着深厚的土壤。当法律或道德的约束力不足以制裁社会上种种不良行为时，人们就拿因果报应来说事，而且从古至今都是如此。可见佛教的义理对中国人生活的影响。

隐居于终南山的王维自称维摩诘，而他留存的百余首名诗中，多数都有禅诗的味道。“中岁颇好道，晚家南山陲。兴来每独往，胜事空自知。行到水穷处，坐看云起时。偶然值林叟，谈笑无还期”（见《终南别业》）。“空山新雨后，天气晚来秋。明月松间照，清泉石上流。竹喧归浣女，莲动下渔舟。随意春芳歇，王孙自可留”（见《山居秋暝》）。南山、白云、明月、清泉、渔舟、喧竹，诗人带给我们的除了美景，就是圆满自在、空灵无牵的佛陀世界。到了这儿，只有放下、自在、随缘，只有清静、平等、正觉了。

宋代文学家苏东坡和佛教渊源更深，他的不少诗词似乎就是在弘扬佛法。且看他的《香子词》：

清夜无尘，月色如银，
酒斟时须满十分；
浮名浮利、休去劳神！
似隙中驹、石中火、梦中身，
虽抱文章，开口谁亲？

且淘淘乐取天真。

几时归去做个闲人，

背一张琴、一壶酒、一溪云。

有人曾经说过，中国人在平顺时信奉儒教，在遇到挫折时信奉道教，在退出历史舞台时信奉佛教。这种看法有一定道理，但也有以偏概全之嫌。佛教对于一个人的入世也有着至关重要的指导意义。一切在人生道路上遇到挫折、迷茫、徘徊、绝望者，都会因为信佛而度过人生的艰难岁月，甚至会因此治愈创伤，开悟放下，重新矫正自己的人生坐标，走好未来的道路。

死亡问题则一直困扰着人的精神，击打着人的灵魂，几乎没有人会在死亡这个问题上超凡脱俗，坦然面对。佛教对此做出了有益的探索，从而给信奉者以极大的心灵关怀和精神导引。不管有没有所谓的西方极乐世界，但人死而精神不灭已经成为普遍的认知，而且在佛教信众看来，人是可以超度的。一切崇善者，都将会超度到一个叫天堂的地方；而那些作恶者，则只能轮回到地狱接受再教育。佛教在很大程度上对人的生死轮回的参透之功，伴随着人们走过了将近两千年的艰苦岁月，今后仍将伴随我们跨越死亡的恐怖，超度绝望的灵魂。

佛教影响着我们的生活，我们的传统和生活也影响着佛教。

佛教曾经有过一句著名的口号：沙门不敬王者！这在一个封建帝王统治的国度，无疑是一句惊天之词。难怪佛教传到中国后，因为天竺来的和尚在帝王面前不下跪，曾经引起儒家激烈的声讨。佛教弟子们也不甘示弱，东晋时慧远听道安讲《般若经》后骂道：儒道九流皆糠粃耳！但是道安不这样认为，道安总结了佛教自两汉传入发展演变的过程后，认为佛教“唯依国主才能成立的原则”（见杜继文编撰的《佛教史》）。道安以后，佛教就不再坚持“沙门不敬王者”了。因为在封建帝王统治的中国不敬王者，就几无立锥之地。

据说西晋以前，帝王并不虔诚佛事，由此也直接影响到佛教的传播。后来佛教主动向帝王靠拢，才为自己赢得“宠幸”。到东晋明帝、成帝时已经开始雅好佛法了。恒玄则直接将佛事纳入政事，但前提是：沙门要敬拜王者！对于佛教来说，要发展则必然要向王者低头，并以柔软的身段取信于执政者。到了北魏，佛教的一些知名人士就声称：帝王即佛之化身。忠君与事佛成了一回事。以后就没有僧侣再提“沙门不敬王者”了，甚至还唯恐和王者有间隙，让道教钻了空子。

佛教不但对王者尊敬有加，而且在佛教内部也开始推行严密的封建等级管理，比如佛教寺院住持的产生。早期丛林住持产生的方式还有“选举制”或“抽签制”，可是经过封建制度的熏陶，就只有“法子继承”和“诸山推荐”了，再后来干脆就由皇室任命，而且还是终身制，除非死了，才会有新人担当，而早期的寺庙住持是有严格的任期的。

在佛教的义理上，早期和中国传统儒教有很大的差异甚至冲突。但佛教善于随机应变，每到关键时刻，就不惜修正自己的理论体系，使之尽量与中国主流儒学靠拢。

稍有中国传统文化常识的人都知道，儒学作为中国正统文化的代表，在两汉时期尤为显赫。他所宣扬的宗法制度与宗法伦理、三纲五常与当时的社会行为准则“修齐治平”，以及儒学所尊崇的三大崇拜（天命崇拜、祖先崇拜、圣贤崇拜）已经成为社会根基不可动摇。佛教则视世界为空寂，视人生为梦幻，视身体为桎梏，主张跳出家国的樊笼，抛妻弃子，出家弘法。这种寻求个人解脱的方式与儒家家国观念的尖锐矛盾曾经使佛教面临生存的危机。

在这种情况下，佛教僧侣们可谓是绞尽脑汁，想出了许多办法，以化解社会的疑虑和与儒教的对立情绪。他们曾经提出所谓的间接服务论，意思就是说佛教表面上有悖君臣之伦，实际上是在更高的水平上忠君爱君。著名的东晋沙门慧远甚至不惜修改佛戒，主张“在家奉法”，并向朝廷保证：谁要出家修行，必先征得君亲同意。至于抛妻弃子，背离父母，佛僧们也有了新的说辞：相比之下，色养是小孝，弘修大业，令逝者得福报以升天，乃是大孝！甚至于连儒家学子也帮衬，刘勰的《灭惑论》中就有：“夫佛家之孝，以苞盖远理，由乎心，无系于发”，就是说不能把佛教的剃发出家认为是不孝。孙绰的《喻道论》甚至还说："佛有十二经，其四部专以劝孝为事"。

可以这样说，中国社会的基本构架是个什么样子，佛教或者道教就是什么样子。当民主这棵小树还等待着在中国这块土地上生根发芽时，佛教或者道教是不可能逾越社会发展的现实，通过民主程序解决自身发展的很多问题的。尽管民主制度也不是万能的金钥匙，但是，一个没有民主精神和民主程序的宗教，是注定不会健康发展的。

社会发展到今天，我们的生活正在对佛教乃至道教和其他宗教产生巨大的影响。

在一个物欲横流的社会环境下，佛教及其佛教寺院也不可能独善其身。仅仅三十几年，一些庙宇竟蜕变成售票的景点，一些和尚的光头和袈裟成了敛财的工具，一些庙产成为出租的酒吧，一些诵经的法会成了有偿的节目，而祈福则成了敛财的手段，甚至还有寺院成了合作经营的公司。

以现代的通讯手段而言，佛教传统的出家戒律也面临极大的挑战。寺庙的高墙大院已经无法约束和尚们的言行和精神世界了。而走出寺院的和尚并不仅仅遇到钻进小和尚心里的"老虎"，也无一日不在经受来自社会的灯红酒绿的熏染。和尚们一部手机，就等于和世界连在一起。我曾询问过终南山寺庙里的和尚，他们基本都有现代的通讯设备，就算已经出家，也和亲友保持着密切的联系，已经与传统的出家人有着本质的区别了。个别寺庙的和尚仅仅徒有虚名，平时就在自己所在的城市攀亲访友，化缘敛财，偶尔才到寺院转转，甚至还有一些假和尚、假尼姑通过寺庙这个平台，以弘扬佛教为名，欺骗信众，骗财骗色。就连每一日诵读佛经这样严肃的事情也开始娱乐化，一部录音机就放在庙堂之上，和尚们打着盹，就算上了一堂诵经课，令人啼笑皆非。我在终南山很多有点规模的寺庙发现他们的装备已经不亚于一家中型商业经营公司，既有音响和网络，也有香车和喽啰。住持们出则轿车代步，飞机、火车、轮船，“一个都不能少”。表面上剃着光头，穿着百衲衣，实际上就是在摆个 POSE 给信众看。这与佛教所倡导的精神义理已经谬之千里了。

寺庙对供养也是来者不拒，极少有寺庙能像先辈高僧善导大师那样拒绝供养。凡来寺庙的香客除购买价格不菲的门票外，还要往功德箱里塞钱。一些“黄金土豪”或权贵人士还受到寺庙特别的照顾，而对普通的信众则淡漠如陌，甚至还有个别寺院依据香客的供养多少决定鸣钟祈福的声响次数，当面对供养较少的香客时，竟然恶言恶语，热嘲冷讽。

一些寺庙竟然热衷于用黄金装饰佛像。这与佛陀所言“黄金是毒蛇”相差何其远哉?! 其实回顾佛教在中国传播的历史，一直都存在着佛教义理与财富之间的悖论。毕竟寺庙也不是生活在真空里，寺庙里的人，无论和尚、比丘尼，都是活生生的人。是人就要吃喝拉撒，就要穿戴出行。而现代生活讲究的是快捷、舒适和享受。对此该怎样把握尺度，一直是很多寺院所面临的两难选择。传统的佛教戒律显然已经不能适应当代出家人或者信众的思想观念和生活需求了。寺庙的运转肯定离不开金钱的润滑，但怎样通过佛事合理合法地聚财，或者怎样才能维系寺庙的正常运转，一直都是一个棘手的问题。这也促使我们反思佛教寺庙接纳出家者专事佛事的规矩，是否应该有所改革了？

尤其不能容忍的是一些政府组织或者国有企业（包括不少的民营企业或者个人）假借宗教场所的整体改造之名，依教牟利，借教生财。这些来路不明的商业资本通过政府的垄断行为，已经纷纷粉墨登场，与寺庙争地盘、争“客源”，甚至争宠争名。

再看看那些旅游景点的寺庙，几乎无一不卖票。仅六祖古刹所在地的终南山上下，就有很多寺庙的大门紧闭着，唯有购票才能进入，而庙里的高价香、高价钟声甚至高价见面会也屡屡出现。一些住持的生活也趋于奢华，且相互攀比，其背后的奢靡则更加令人瞠目。寺院里普遍吹袭着此类香风，物欲横流，焉能一心弘扬佛法？清静只是表面现象，实际的生活早已经奢靡不堪。有资深居士愤然说道：当今的寺庙和尚，基本都争着比阔气，很少有和尚像当年杜顺及虚云老和尚的修为了。

难怪如今的居士越来越少，不是大家不想崇佛，而是如今的和尚（包括比丘尼）已经和社会凡俗无异。表面上寺庙庄严肃穆，和尚像个和尚，尼姑像个尼姑，寺院的大雄宝殿高坐着释迦牟尼，其实一切都发生了变化。这种变化固然和社会发展的节奏有关。但是，弥漫于中国社会的依附权贵、追求奢靡的风气已经席卷了大多数的寺庙道观。偌大的终南山，已经很少有高僧大德，很少有一心念佛的和尚与比丘尼，这才是基本的事实。唯有几座千年古刹和一些茅棚的修行者还在坚守佛门净地不受尘染的历史使命，可是他们多数都生活窘迫，甚至无以为继。这与俗世间的状况似乎一样，埋头苦干的老实人没有几个能出人头地，投机钻营、假话连篇的人却有不少“事业有成”。社会假如总是老实人吃亏，恐怕在价值取向上有大问题。

信佛的母亲二三事

说来很惭愧，我对母亲的印象并不是很清晰，因为母亲去世已经将近五十年了。五十年岁月荏苒，很多往事已经如烟，该飘散的飘散了，该淡化的淡化了，剩下的只是些零碎的印记和片段。

一

母亲没有念过一天书，所以一直到她老人家亡故，都目不识丁。她留给我最为深刻的印记便是那双被缠得变形的小脚和严重的支气管炎。除此之外，便是她所笃信的菩萨了。

还在我刚刚上小学的时候，母亲就在同村一位居士的引导下开始信佛。这位居士比我母亲年长几岁，却因为他在村里的辈分小，我叫他大哥。大哥的形象犹如《三国演义》中关公的形象，威严而清秀，总是留着一撮小胡子。所以他要是生气了，我们就立即跑开，因为很害怕他吹胡子瞪眼的凶恶形象。大哥算是村里见过世面的人，早年曾经在西安做过生意，对西安的地形很熟悉，我的关于西安的那点零碎的模糊的印记就是通过大哥的描述进入脑子里的。比如日本人的飞机轰炸西安，人们是怎样拥挤着从西门往外边的田野里跑的；河南军阀刘振华围西安后，西安人是怎样清除隐藏在城里的奸细的等，时常听得我神游物外，问东问西。我母亲几乎天天到大哥的家里，大哥大嫂都很热情。母亲进到屋里，第一件事便是跪在大哥家设立的佛龛前上香磕头。有一次母亲让我也跪在地上铺着的一个圆形的垫子上磕头，我一跪下，便感到垫子很柔软，磕完三个头，就不愿再起来。

在大哥大嫂的引导下，母亲成为村子里十几位佛教信徒之一。他们没有公开地大张旗鼓地诵经烧香，而是在大哥的家里很隐蔽地开展佛教活动。因为那个时代，信佛似乎不敢公开，什么原因我不是太了解。

大哥诵经的声音很洪亮，但他总是压低了声音，只有屋子里的人才能听到。大哥时常带领七八个信徒一起诵经，他念一句大家学一句，我就在旁边也跟着鹦鹉学舌。“普贤菩萨”就是这个时候才知道的。我之所以对“普贤菩萨”印象深刻，是因为我们这个很小的村子就叫“普贤寺”。幼小的心灵已经有了一种自豪感：原来我是普贤菩萨保佑下的村民。可以毫不夸张地说，我的人生学习课程是在那位大哥家里开始的，而学习的内容就是佛经。什么内容已经没有印象，但“阿弥陀佛”“普贤菩萨”等佛教先祖的名号却已经进入一个学龄前儿童的心里，一直到现在。

二

我就读的小学就在一座名叫普贤寺的古庙里。当我第一次踏进这座古庙时，古庙的院子还有数十株参天的大树，给人的感觉煞是阴森。老实说那天我到学校，心里很害怕，小手一直紧紧攥在我家长兄的手里，因为父亲早已过世，家里的事情基本都由长兄出面。

上学的教室就在一间大殿里，高耸的屋顶横梁上刻画着各种彩色的图案。我们没有心思听老师讲课，总想抬头看看这些美妙的图画，下课后就开始争论所画图案是男人还是女人，是莲花还是荷花。虽然教室的房子很高大，但我们所坐的桌子却很寒碜。十几张桌子没有一条腿，因为都是用农村里垒墙用的“糊基”（黄土加压形成的土块）垒起来的，平面上一层厚厚的尘土。虽然我生长在这片黄土地上，但对学校“桌面”上的土还是有点不适应。每一天下课后，我的整个衣服、手和书本都被细微的尘土涂满了。

我开始有了埋怨的情绪。母亲说，咱睡的炕也是土炕，有土不算啥，好好念书认字，认字多了就能看懂佛经了。

大约半年后，我就开始在母亲身边承担起一个非常重要的工作：念经文了。当然这个家里还有比我认字多的人呢，可是哥哥姐姐不屑于信佛这件事，不但不帮助母亲念经，而且还坚决反对母亲信佛。印象中好像总有上边的人检查谁信佛谁信道的问题，所以年轻人几乎没有人信佛信道。

送给母亲的佛经是很精致的铅印品，如同我读的书一样。分发的方式也很特别，基本都是晚上七八点钟天色黑暗的情况下，由“大哥”从我们家正对着那条小巷的窗户塞进来的。每一次都是在外面敲击几下，母亲打开窗户，然后就有一沓活页佛经塞进来。

那个时候没有电，房间只有一盏煤油灯，三米开外几乎什么东西都看不清。所以我帮母亲念佛经时，只能把头贴在煤油灯前，好几次都被煤油灯点着了头发。

佛经对于一个小学一年级的学生来说，的确有点难，那些不认识的生字，就像一只只拦路虎，总使我结结巴巴，语无伦次。可是母亲却非常专注，她重复着我所念的每一句话，哪怕这句话有多么残缺不全。每当母亲反复背诵那句并不完整的经文时，我总会开心得哈哈大笑。这是我整个童年仅有的一点快乐的记忆。

母亲对佛的虔诚，非常人所能理解。这一年的夏秋之交，母亲和临近几个村子的佛教信仰者一起外出参加一个佛教法会，她的征途靠的就是那双小脚。母亲走了七天，到了哪儿，我不知道。回来时是一天傍晚，知了正在院子的柿子树上起劲地鸣叫，哥嫂在院子摇着芭蕉叶扇子乘凉，我因为眼疾躺在土炕上胡思乱想。母亲进门后一声不吭，就倒在炕上，一连两天都没有起来。后来听说她去了华山。二十多年后我上华山时，怎么都想象不到，一个小脚老人，咋能从几百里之外的沣河之畔走到华山的？咋能攀上以陡峭著名的华山之巅的？恰好我在华山北峰上遇到几位和我母亲当年一样年龄，而且也是小脚的朝觐者。我问她们怎样上到华山北峰的？一位大娘说：有菩萨搀扶着！我沉思良久，也许当年母亲就凭这样一种信念才克服了常人难以克服的艰难险阻，凭一双变形的小脚走到几百公里以外，上到两千多米高的华山上。

尽管那些年月面临着严重的饥荒，可是我们母子俩没有中断晚间学习佛经，虽然每一个晚上只有几十分钟。“社教”运动开始后，因为长兄担任生产队长的职务，我们家就成为专政的对象。自从长兄开始被批斗后，母亲再没有念过一句佛经。她时常一边垂泪，一边唾骂村子里几个整人的积极分子。

三

母亲对佛经的开悟，其实也仅仅限于因果报应的水平。她给我讲的最多的一个故事就是“儿子临刑前咬破母亲奶头”的故事。讲了多少遍我记不清，但对故事的情节却一直清晰地记在心里。

有一个青年偷了人家一篮鸡蛋，母亲说：儿子有本事，都能给家里拿东西了。后来儿子偷了人家一头牛，母亲夸赞到：好儿子，将来一定能干大事！再后来儿子偷一家人的钱，被发现后用刀子杀了人家。临枪毙时，儿子要见见自己的母亲。母亲来了，儿子要吃妈最后一次奶。结果儿子把妈妈的奶头咬了下来。儿子说：我偷人家的鸡蛋，你怂恿我；我偷人家的牛，你也怂恿我。是你的溺爱和怂恿害了我。

在母亲的教育下，我几次偶遇有人掉在路上的物品，都不敢去捡，因为害怕拿回家被母亲责怪。

然而，在那场史无前例的文化大革命中，我一个只有十二岁的孩子，却被村子里几个人写大字报贴在我们家门口，其“罪行”之一竟然是我帮助母亲诵念佛经。因为这件事，母亲一直深怀愧疚，加之严重的支气管哮喘，不久就离开了人世。

也许真的有因果报应，我一个没有任何权势可依的孤儿，在十六岁那一年被招工到西安市肉类联合加工厂，成为一名自食其力的劳动者。几十年以来，虽然不曾做过惊天动地的善举，却也能像大多数人一样，过着平顺的日子，并时常心怀感激，感念社会的宽宏大量，使一个孤苦的农村孩子没有被不幸压倒，还一直直挺挺站立着做人，站立着做事，站立着走向未来。

均善论白道黑道

与很多人不一样，鄙人自小至老，一直使用一个名字，甚至连小名都没有，这与本人憨厚、木讷的外表是一致的。

曾经有算卦的告诫我，均善这个名字吉中有凶，与人合伙，当心上当受骗。有一段时间，我将名字中平均的均改为军队的军，结果同样上当受骗。后来又改过来，折腾了好几年，才逐渐明白了一个道理：人生于世，性格特质千差万别，虽然佛陀给每一个人都造就了机会，但是假如不结合自身的特点，扬长避短，就如同赶鸭子上架，迟早会使鸭子从架上掉下来。我当年下海也是迫不得已，既然下海，总不能被水淹死，所以才开始学着在市场经济的汪洋大海中扑腾。不曾想中国式市场经济是有引号的市场经济，任何一个不谙中国世故、不懂中国特色的人要在中国的市场里站住脚，那简直就是痴人做梦，痴心妄想了！事实证明，中国式经商并非本人的长项，但直到办理了退休手续，还没有搞明白，自己究竟适合做什么？

也曾有人问我：均善咋讲？我说，当然有讲究，父母起名字，都或多或少有些特殊的含义。我的名字来源于一部佛教高僧的名著《均善论》。《均善论》又名《黑白论》，作者是佛教著名理论家慧琳。慧琳在融通三教的过程中，对自己曾经笃信的佛教有点不恭敬，甚至还批过佛教的重要经典。他的批判文章就出在这本《均善论》或者《黑白论》中。

按照慧琳的看法，般若学“即物为空，空物为一”的理论根本站不住脚，而因果之说也经不起推敲。以空无立义，用福乐设教，是怂恿鼓励人的利欲之心。经过一场又一场大辩论，佛道之间、佛儒之间各执其词，互不相让。但是佛教宣传的禁欲，却又以善果和成佛报偿，这个矛盾终究无法自圆其说。

最后，还是根据慧琳的《均善论》中所主张的观点：“六度与五教并行，信顺与慈悲齐立”，经过谢灵运、沈约等人的综合归纳，才形成了三教之间的相互融合。这就是著名的儒释道“本末内外论、均善均圣论、殊途同归论”。沈约：内圣外圣，义均理一；梁武帝：三教有深浅而均善；北周道安：三教虽殊，劝善义一。

我曾在另一本文化专著《终南问道》中对佛、道之间的争论与融合做过简要的介绍，但对佛教内部的争论却没有涉及。其实佛教在发展与壮大的过程中，与道教、儒家的争辩固然惊心动魄，佛教内部争辩的火药味一样很浓很呛，有时候甚至比佛教的对外斗争还要尖锐激烈。与外部的争辩也好，佛教内部的争辩也好，其实都不是一件坏事。任何的争辩只能使佛教义理更加升华。但可惜的是，佛教内部的争辩并没有最终为佛教的经籍带来福音。争辩了两千年，至今还不曾有一个满意的结果。这是因为在佛教内部并没有形成有效的优胜劣汰的机制。松散的组织形式无法整合佛教内部的理论体系。佛教在其发展的过程中，因为经籍的多样化，由此形成了宗派的多样化。仅仅在中国，就有汉传佛教、藏传佛教、南传佛教等重大的区分。他们相互之间并没有形成有机的整体，这不能不说是佛教在发展中的一个困扰。

但是，佛教内部所争论的问题又很抽象，把这些争论的内容搬到这本书中，估计会使读者厌烦。毕竟多数人阅读书籍，都喜好轻松愉快且有幽默感的文字。更何况本人只是一个一般的宗教文化爱好者，与学院的那些教授们相比，好比马奶奶遇见冯奶奶，差了不是一点点。把一本佛教的读物写成哲学专著，既没有这个能力，也没有这个必要。书的出版是要自己掏钱的，作者不首先考虑作品的通俗性、趣味性，所出的书卖给谁呀？当然，一切通俗性、趣味性的文化作品的前提是尊重历史、尊重事实。而尊重历史、尊重事实是任何一个当代文、史作家最基本的职业道德。在此前提下，尽量把纷繁复杂的理论纠葛简要化、通俗化，通过自己的语言，把佛教介绍给读者，才是我写作的根本目的。

言归正传。

佛教自公元初传入中国，经过魏晋三百年光阴，基本还停留在译经著述上，并没有形成全社会的信佛浪潮。只是到了魏晋南北朝后期才渐次发展，并成燎原之势，其中的因由将在另文中记述。这里要说的是：慧琳作为佛教思想家，为什么会枪口朝内，公然对自己笃信的佛教经籍横加指责？莫非慧琳背叛了佛教，加入到道教或者其他宗教组织？其实不然。

慧琳是南朝时期刘宋的一名僧侣，道渊的弟子，陕西人。慧琳虽然遁入佛门，却保持着陕西人所特有的豪侠与傲诞。当道教、儒学针对佛教经籍的一些观点激烈争辩时，他不像一般人那样盲目地站在自己的营垒里明哲保身，而是口无遮拦，以张扬的文字臧否佛教经籍的问题，从而掀起佛教内部对他的鞑伐，包括慧琳的师傅也对慧琳"怒之彰色"。有一次慧琳的师傅道渊去见傅亮，结果慧琳先于师傅坐在那儿。道渊进来，慧琳没有行师徒之礼，引起师傅的不满，傅亮罚了慧琳二十杖棍。在慧琳眼里，他的师傅只是一位谨于持律的和尚，修持工夫不够，时常嗔恚于色。一般人面对这样的师傅，或充其量只在背后嘟囔几句，可是慧琳以一个典型的陕西汉子的性格特征，不顾儒家师道尊严的传统，当面顶撞师傅。所以当佛教在与道教、儒教的辩论中，屡屡以自己并不完备的经籍论点有气无力地反驳时，慧琳就公开站出来据理争辩并且将争辩的内容著书立说。当时的佛教僧群对慧琳十分不满，必欲开除他的佛籍而后快。多亏宋文帝赏识慧琳的观点，才使他免于被逐的命运。宋文帝还将慧琳请到王宫，委以宰相之职。民间曾有“黑衣宰相”之称，说的就是这位优点突出、缺点明显的佛教思想家。

东晋十六国时期的中国已经天下大乱，佛教虽然呈现出前所未有的发展态势，却也开始形成纷乱之局。这些土生土长的中国僧侣以不同的佛典形成山头，据说就有所谓的十三宗。其中的涅槃师、毗昙师、成实师、地论师、摄论师最为著名。后来俱舍宗崛起，毗昙宗被俱舍宗所替代；隋唐期间又兴起台、贤、律、禅、净、密及三论、唯识等八个宗派。后来成实宗渐衰，涅槃宗归入天台宗，地论宗归入华严宗，摄论宗归入法相宗。到唐代以后，中国的佛教宗派还有所谓的“十宗”。这些宗派对外步调不尽一致，对内也是“婆说婆有理，公说公有理”，争论了一千多年，也没有争出个一统天下，至今还各自站在各自的山头上，既没有统一的教规，也没有统一的戒律，更鲜见统一的组织形式。

我因为才疏学浅之故，每每看到佛教各宗派所争论的佛典理论，就有一种莫名其妙的惶惑，正在阅读的《佛教史》也就搁在一边了。所以在撰写这一章时，我犹豫再三，还是没有把那些所争论的抽象义理抬出来。我是怕影响了读者朋友的阅读兴趣，只能撷其一二。

一般崇佛的信众都知道佛教有大乘与小乘之分。早在佛教传入中国之初，佛教就有关于大乘和小乘的区分和争论了。

区分是什么呢？一般通俗的说法就是：小乘佛教注重个人修行，大乘佛教注重在自利的同时更注重度他利生；小乘佛教主要依据《阿含经》，大乘佛教所依据的经典较多，包括《华严经》《般若经》等；小乘佛教注重出家修行，他们认为修行不出家，就难以严守戒律，不能严守戒律，也就不能得到解脱。大乘佛教认为，无论出家在家，都可以依据佛法修行，侧重在于入世度化众生。但是经过千年的演变，小乘佛教虽然主张以自修为主，却也没有忘记普渡众生；而大乘佛教中的一些僧侣嘴里高喊着普渡众生，实际上却是以自修为主了。更令人费解的是：泰国人所尊奉的小乘佛教，却在整个泰国形成几乎全民信教的风气，中国人所尊奉的大乘佛教，却形成今天不温不火的尴尬局面。

两千年前的争论并不仅仅是上述两大派的问题。

在教义上，就曾经有过关于“法”的争论；关于“我”的争论；关于“心性”的“净”与“不净”的争论；关于“佛菩萨”和“阿罗汉”的争论。其中关于“佛菩萨”和“阿罗汉”的争论就很有意思。

早期的佛教文献中的佛陀认为，他所说的佛理就是终极真理，只有他才具有超人的神通。但是又有传说讲，佛祖在弥留之际告诫弟子：要依“法”不依“人”，人有生灭法永恒。上座部就以此认为，佛陀只是一个历史人物，有肉体、有寿限。佛陀不同于常人的地方就在他的思想和精神。大众各部则认为，“佛陀完全是出世间的，他已经断尽漏失，根绝烦恼。他的话句句是真理，他的肉体、寿命和威力都是无限的。佛陀没有睡梦，回答问题不待思维，一刹那心知一切法”（见杜继文主编的《佛教史》）。看到这儿，中年人可能都会发笑，因为二十世纪六十年代的中国，曾经发生过一场令后人匪夷所思的文化大革命。在这一场文化大革命中，就有人学习佛教争论时大众部的说法，把自己的领袖抬到“句句是真理”的神坛上。结果呢？国家大乱了整整十年，无辜死亡者数以百万计。这些惨痛的教训使佛教两派争论的孰是孰非也就一目了然了。毕竟实践才是检验真理的唯一标准，除此之外，没有第二个标准。

以我有限的文化知识，学习佛教历史，总感到佛教内部的争论好像从佛教一开始创立就没有停止过。事实还真的证明了我的感觉。据杜继文编撰的《佛教史》披露，早在佛陀在世时，佛教内部就出现了分裂。正因为如此，佛教先后进行过三次大集结。何谓集结？集结就相当于今天召开全国性会议，而开会的目的就是要统一思想，步调一致，团结一致向前看。结果当然不容乐观，三次大集结并没有从根本上解决佛教在典籍上政出多门的问题。一直到今天，佛教也没有统一的经籍供信众弘扬，广泛传播的就有数以百计的佛教典籍。这些典籍熟黑熟白，典籍的追随者是黑道还是白道，谁又能分得清？谁又能道得明呢？不是就有一些人以某种佛教经籍的某一句话为招牌，拉大旗作虎皮，虚张声势，坑蒙拐骗吗？且看：南方某省最近（2015 年 7 月）破获了一起“邪教”案件，一个自称崇佛者，鼓捣出一个“华藏宗门”的佛教门派。开创者把《三教圆通·论心》经过一番改头换面，“发明”出一个《论心》的新教规，然后穿上袈裟，就开始招兵买马了。且不论此人所宣扬的“佛教”是黑道还是白道，仅从他的一些举动，就不难看出他的动机了。2011 年这个“佛教组织”声称 2012 年某地要发生大地震，然后就动员信众购买由他开光的戒坛器，一个戒坛器 1000 多元人民币，据说成本只有 100 元。有信徒在 2012 年过去后质问这位“住持”：大地震呢？他委托弟子告诉质问者：都是他通过法力才使此地摆脱了一场大灾难。照此推论，当地公安部门不但不应当依法追究他的“邪教”之罪，还应当表彰他为民除害的大功大德呢。

宗教内部有争论，其实也不是多大的问题。问题是：赖以尊奉的典籍太繁复，就可能有疏漏不明之处，而人群中总会有极个别的不良用心者会利用这些东西骗人牟利，而人群中的相当一些信众并不是用脑子想问题，他们人云我亦云，进庙就烧香，成为助纣为虐者。这才是均善所难以释怀的。

其实判断一个人崇佛的真假，只要看看他一贯的表现，就一目了然了。那些总是竭尽美化佛陀身世的人，极尽吹捧佛陀法力的人，都或多或少有些忽悠人的嫌疑。而动辄就算计信众口袋里的钱财，则注定不是什么好东西。至于个别以所谓的御膳盈利者，以所谓的书法卖钱者，我只能请你离他远远的。因为这些人崇佛崇道是假，借佛道牟利才是真。

均善在善待别人的几十年人生经历中，虽然一直奉行佛陀“吃亏是福”的告诫，却也因吃亏太多悟出了一点做人的道理。进庙也好，交友也好，不依表象轻言好坏优劣，自己做到心不贪，善不滥，坚守正念，一般的假把式就都现形了。

悟佛，回望泰国

一

踏上泰王国的土地，最最强烈的感受便是崇佛的气氛非常浓郁。无论在大都市的曼谷，还是在旅游胜地帕提亚，随处可以见到金碧辉煌的佛教寺院。据说6000多万人口的泰国，就有寺院25000多座。而僧尼则无须去寺院才能看到，大街上随时随地都可以遇见打赤脚、着袈裟、手持铁钵的出家和尚。因为在泰国，男人在结婚前，一般都要出家当至少一个月的和尚。据泰国闪耀旅游公司导游毕胜先生介绍，泰国的男人出家当和尚，是一门必修课。通过短暂的出家经历，可以使他明白一个人来到世界上并不容易，父母的养育之恩，佛陀的保佑之功，都不能忽略。尤其是通过出家乞食的行为，可以帮助一个人学会对社会的敬畏和对他人的尊重。

出家当然有一套出家的规矩。以年龄论，并没有具体的年龄限制，只是要求男性在婚前必须做这件事。过去几百年，很多人家早在孩子学龄前就把他送到寺院剃度了。寺院既是一个宗教场所，也是一所学堂。后来随着泰国进一步开放，寺院隔壁都已经建起了学校，于是小沙弥在今天已经不是很多。男性要在今生中至少出家一次，在泰国人看来，唯有出家才能取得成年人的资格。有人也许会问：这是谁的规定呢？且听我告诉你：这里至少有两个因素，其一是缘于泰国人所信奉的佛教乃小乘佛教，小乘佛教是主张出家修佛的。在小乘佛教的信徒看来，信佛不出家，就难以严守戒律，而难以严守戒律，就不能够得到解脱；其二是泰国宪法有明确的规定：上座部佛教（也就是通常所说的小乘佛教或南传佛教）为泰国的国教，国王必须是佛教徒，男子必须出家一次。这种以国家宪法的形式，规定公民必须出家当和尚的做法在全世界独此一国，可见佛教在泰王国有多么重要。

虽然泰国是一个多民族的国家，但是傣族为多数族群。傣族基本都信奉佛教。另外华裔族群也占到泰国总人口的12%以上，华裔族群同样信奉佛教，所不同的只是华裔族群所信奉的佛教与傣族所信奉的佛教有稍微的差别。其他少数民族也大都信奉佛教，只有大约200万人的马来西亚族裔信奉伊斯兰教。

出家有出家的规矩。一般情况下，先要到寺院申请。在泰国没有皈依之说，但出家必须有接纳的寺院和剃度的师傅。

出家那一天，也是有一套严格的仪式的。邀请亲朋好友聚餐话别，出家者赤裸上身进行沐浴，然后给父母三叩首，以感谢父母的养育之恩，并由父母及亲友一路诵经将出家者送到寺庙。寺庙的仪式则更隆重，剃度时先由父母剪去第一撮头发，然后由和尚为出家者剃度更衣。一旦披上袈裟，就预示着已经成为一位真正的和尚了，而和尚是无须向父母行礼叩拜的，甚至于连泰国的国王见了和尚，也要鞠躬行礼。由此可见佛教在泰国的地位有多高。

作者在玉佛寺留影

出家以后，若年龄小，则主要以学习文化知识和佛教戒律为主；若已经成人，则以诵读佛经、持戒修行为主。但出家人都要有持钵乞食的经历，因为只有面向社会，才能充分体验人生的酸甜苦辣，加深对别人的感恩情怀。每一日早晨，在泰国的任何一个地方，都可以看到持钵乞食的和尚，他们来到民间，为自己一日的生存寻求基本的食物。而泰国人对供养和尚也乐此不疲，没有任何人家会将乞食的和尚拒之门外，而多数的人家还以供养和尚为荣。当然持钵乞食的和尚一般都会有相对固定的乞食对象，不会满街乱窜寻找食物。

泰国的寺庙不像中国有专门的厨房，泰国寺院从来都不生火做饭，和尚吃饭都要靠乞食。好在泰国的和尚尚能严格按照佛经戒律要求自己，一日两餐，午后不食，而且也没有只吃素食的习惯，一般情况下都是给什么吃什么，包括肉食。

二

泰国人尤其崇尚四面佛。我在泰国旅游时，也曾被带到几座四面佛的寺院参拜，其中有一座并不像佛教寺院，倒像是一个专供旅游者朝拜的地方。进到大门，空旷的院落上停放着数辆大巴，来者几乎都是清一色的中国游客。按照泰国导游的指引，我们先是缴纳了20泰铢的香油钱，领到十二炷香和一个小花篮，把香分别上给加持事业的佛像、加持婚姻的佛像、加持健康的佛像以及保佑人平安顺和的佛像。然后走进一间很大的冷气充足、光芒耀眼的房子，在一尊释迦摩尼佛的金身塑像前跪下或盘腿坐下。按照主持人的要求，脚是不能对着佛祖的，什么原因没有人告知，我询问时还被指责为不敬佛。在主持人的要求下，来者三叩首，表示对佛祖的敬仰和心仪，然后再起身参观。这时我发现这座屋子两侧都是卖与佛教有关的金首饰柜台，不同的是这儿没有叫卖声，也没有导游极力的推荐，基本上由香客自行选购。当然所有的金首饰无一例外都是佛像或者佛经。既然是佛像或者佛经，就不能把你掏钱他给货的生意叫买卖了，要叫“请”。为什么要叫“请”，同样没有人能用佛经的要义告诉我，只是说：这是对佛祖的尊敬。

在泰国人看来，信佛是人生必须的精神寄托。做任何事情，没有佛祖的陪伴和护佑，几乎是不可能的。也许正因为如此，泰国人彼此相见，都以双手合十打招呼，意思就是祝愿对方平安和顺。而每一个人的心中，都有佛的位子。难怪在泰国，连做生意都与中国有很大的不同。比如到景点参观，也会有不经意间“被照相”的，当你参观完毕要离开时，就有人提醒你有照片放在一个平面货架上让你过目，你要拿走，就得缴纳150或200泰铢。我大致计算了一下，一张小镜框镶嵌的照片要卖相当于30元或40人民币，这无疑是昂贵的一桩买卖，但是很多游客还是买了。因为泰国人并没有任何强迫人的意思，就算你不买，他们也不会有任何的怨言或者粗鲁的举动，更少见中国式强行拉客的野蛮行径。

泰国绝大多数人都信佛，家家户户都有佛龛供一家人参拜。据说泰国人每一天早上都要向佛三叩首，在他们看来，一日不拜佛，一日就不会心安理得，因为佛祖在上，时刻保佑着你。仔细看看泰国人的眼睛，几乎没有凶煞恶狠或冷漠刁钻的，基本上都呈现出温顺祥和。尽管也会时常遇到不会笑的泰国公民，也会遇到不太友好的泰国人，有时候甚至也会有刁难和不友好的举动，但是在整个泰国、尤其像是曼谷这座人口相当于中国西安的大都市里，还是能随心所欲的，基本不用担心被强行消费或者上当受骗。

三

泰国的历史不像中国那么长，她只有700年，700年之前的历史比较混乱。自公元1238年建立素可泰王国开始，泰国先后经历过素可泰王朝、大城王朝、吞武里王朝以及曼谷王朝四个主要的王朝。

泰国原名暹逻，暹逻是泰国的一个地名。改名为泰国，也是二十世纪四十年代末的事情。而泰国在泰语里就是“自由之地”的意思。今天的人们来到泰国，的的确确可以充分体验到自由的气氛。唯独在参观皇家院落或寺庙时，不但要身穿长袖长裤或者长裙，而且还要脱帽脱鞋。在泰国人的观念中，崇佛就能消除瞋恚贪痴，让心态平和。然而，也有个别的当地人，尤其是旅游行业的个别从业者，整日有玉佛陪护，却依然在待人接客上处处彰显着傲慢与偏见。在参观玉佛寺时，我们一行人先被带到了一间展览室，讲解的是一位中年男人。他言语犀利快速，当讲到一件一百多年前的泰王穿的玉衣时，竟然这样问游客：这件东西你们中国的故宫有吗？我因为距离他很近，就轻言轻语地说："两千多年前的西汉就有了"。他先是一愣，问我："在哪里"？我说："中国的河北省博物馆就可以看到两千多年前的金缕玉衣"。他头一扭说道："吹牛吧，我才不信呢"！后来他的讲解凡涉及到中国

"吹牛吧，我才不信呢！"（右一）

时，基本上都是诋毁性语言。我因为无法忍受无知和偏见，就走出了展室。并不充足的时间让那个对中国怀有敌意的人占去了，参观玉佛寺的时间就不够了，我只好坐在玉佛寺的

台阶上稍事休息。恰好那位讲解员也来到这里，于是我就拍下了这张照片。站立者就是那位对中国几乎一无所知、且又十分自负的“讲解员”。后来才知道他并不是土生土长的泰国人，而是从台湾来到泰国的一个前国民党军官的后裔。

说来也怪，在国外旅游，很少有遇到外国人信口雌黄给游客洗脑的人，倒是那些早一步来到人家那儿的有中国血统的导游，则无论他们现在的国籍是在哪里，都难改忽悠人的毛病。

素可泰王朝是泰国历史上第一个独立国家的雏形。素可泰在泰语中意为“幸福的黎明”，原来只是柬埔寨吴哥王朝下辖的一个城市。后来当地傣族人起义，夺城掠地，在这里创建起泰国的开国王朝。而这一时期的泰国开始有了自己的文字。

此时正是中国偏安柔弱的南宋时期。

到了泰国的大城时期，中国已经被忽必烈占据了。元朝的国势正方兴未艾，所以泰国的大城王朝也曾向中国元朝朝贡。大城时代是泰国历史最长的一个时代，共历时 417 年，至 1767 年沦亡。

大城时期横跨中国两代王朝。到了明代，郑和带领一支庞大的舰队来到泰国。郑和舰队里有一位文士马欢曾写过《瀛涯暹胜览》一书。马欢笔下的暹逻是如此情形：“国周千里，外山崎岖，内地潮湿。土瘠少堪耕种，气候不正，或寒或热。其王居之屋，颇华丽整洁。民庶房地造如楼，一不通板，却用槟榔木劈开如竹片楼，密摆用藤扎缚甚牢固。上铺藤簟竹席，竹卧食息皆在其上。王者之扮，用白布缠头，上不穿衣，下围丝嵌手巾，迦以锦绮压腰。出入骑象或乘轿。一人执金柄伞，茭草叶做，甚好。王崇信释教。国人为僧为尼姑者甚多。僧尼服色与中国颇同。亦住庵观，持斋受戒。其俗凡事皆是妇人主掌。其国王及下民，若有谋议轻重买卖一应巨细之事，皆决于妻”。一直到今天，马欢所记录的情形在泰国还有不少的传承。女人当家至今不曾改变，国王崇信释教，国人为僧为尼姑者甚多也一直如此，变化的只是人们的生活细节。

吞武里也是泰国的一个地名，郑信重建王国时将首都南迁至吞武里，故称吞武里时期。但郑信将军的王国运乖命短，不久就被打倒了，接替他的查库里将军成为查库里王朝的第一世国王，即拉玛一世。他即位的第一项举措就是将王室都城从吞武里迁到河对岸的曼谷，并建造了大王宫。我们参观大王宫时，无不对王宫的奢华靓丽所折服。

到了拉玛三世国王（1824－1851）时期，泰国已经开始与西方国家建立了联系，并发展同中国的贸易。拉玛四世国王（1851－1868）则更加聪明有为，他主动与欧洲缔结条约，使泰王国成为极少数不被殖民的国家之一。可以毫不夸张地说，因为有了拉玛四世的壮举，现代泰国的雏形早于中国近一个世纪。

拉玛五世朱拉隆功国王（1869－1910）和拉玛六世国王（1910－1925）上位后继续推行改革新政，废除奴隶制，实行义务教育，改进公共福利。拉玛七世国王（1925－1935）统治期间，泰国从君主专制政体转变为君主立宪政体，并且一直维系到今天。

现在的泰国国王普密蓬是在1946年6月9日拉玛八世在王宫遭枪击后继承王位的，为拉玛九世。拉玛九世和他的子女们在泰国享有崇高的地位。街道上到处都有国王和公主的巨幅画像。在泰国老百姓看来，国王无异于佛陀，所以凡有供奉佛陀的佛龛，必有供奉国王的位置。而泰国的家庭一般都会同时供奉佛陀和国王，包括八百多万华裔泰国人。无论在他们所开办的商店或者公司，也无论在他们的家里，都会同时供奉佛祖与国王。在东南亚十个国家中，唯独泰国人笃信佛教，从来没有排斥过华人，其他的东南亚国家则在历史上都曾经对华人有过不公平的待遇。这恐怕也是泰国华人热爱泰国国王的因由之一。

四

泰国人的原始信仰与中国人的原始信仰差不多，也属精灵崇拜一类。从公元六世纪到公元十一世纪，泰国先后受到了古印度佛教的洗礼。印度佛教南传大致经历过五个时期：

第一个时期是公元初到十一世纪印度佛教在马来半岛的传播。这一时期的佛教只能从考古中发现寺庙遗迹，没有任何的文字记载。

泰国街头“四面佛”

第二个时期是素可泰王朝时期，佛教通过陆路的柬埔寨、缅甸开始向泰国渗透，而古老的堕罗钵底已经有上座部佛教的身影。素可泰王朝的拉玛甘亨王（1275－1317）特别鼓励佛教，在征服了马来半岛的六坤之后，延请在那里的锡兰僧人到素可泰传法，还为一位品学兼优的高僧建造了阿兰若寺。

第三个时期以拉玛甘亨的孙子吕泰于1361年放弃王位在芒果林佛寺出家为标志，佛教在泰国开始成为国教。

第四个时期是郑信时期。郑信作为一名华裔泰国人，幼年曾在佛寺读书，13岁入山昆柯罗寺为沙弥，熟悉巴利文和佛典，通汉语、印地语、缅语和粤语。他领导人民打败缅甸侵略者、建都吞武里后，立即开始大兴佛教，从万象迎回了著名的玉佛像，供奉在吞武里。据说这尊玉佛造于佛灭后400年的印度，通体由七块翡翠绿玉组成，内藏佛舍利真身。直到今天玉佛还供奉在曼谷玉佛寺，成为泰国佛教瑰宝。只可惜郑信晚年痴迷于佛教，对国事尚且不如对佛事上心，结果遭遇不测，他的王国也成为短命的王国。

第五个时期是拉玛四世蒙固王时期。蒙固王于1851年登基，是为拉玛四世（1851－1868在位）。此前，他做过27年比丘，精通三藏论释，懂梵文、巴利文和英文。他创立了泰国僧伽中最有势力的一派——法宗派，强调遵守斯里兰卡上座部戒律，学习巴利文经典，成员主要是贵族阶层，1932后始允许平民参加。法宗派与传统的上座部僧伽组成的大宗派，构成泰国佛教的两个主要派别（引自杜继文主编的《佛教史》）。

今天的泰国，佛教不但有法律的保护，也有很深的社会根基，泰国社会形态无不彰显出佛教的风韵。

其中佛教经籍中的因果报应在泰国深入人心。孩子对父母不恭敬，会被告知有可能遭到报应，长出长鼻子、兔耳朵；生意欺客，会被警示会一赔到底；夫妻不忠，也会被认为要被病魔缠身。但是，泰国社会所特有的人妖现象却被认为是一种文化形态。而泰国的婚外情、婚外性一点都不比中国少，陪同的泰国朋友只是以人之常情予以敷衍。但是纵观泰国的社会风气，的确要好于中国，市场上至少没有普遍流行的八两秤；食品没有参杂有毒物质的，甚至连仿冒食品都很难见到，所以在泰国基本可以放心吃地放心地喝。这是每一个到过泰国的中国人都非常感慨的一件事。如果说日本、韩国没有假冒伪劣的食品是因为他们发展的周期长，社会文明化程度高，那么和中国人均 GDP 相差无几的泰国，却也像日韩一样，空气是洁净的，食品是干净的，人心是友善的，社会是平和的。这可能是佛教产生的社会效益吧！

五

泰国是一个君主立宪制国家。平心而论，他的政局也不是很稳。几十年中，就先后有十八次军事政变。政府随时都可能会被军方接管，而最终的决策者不是人民，是国王。

然而，泰国人遇到自然灾害，很少有埋怨政府或者国王的。就算是自己的家遭遇滑坡，也极少有人怨天尤人。在泰国人看来，这都是自己的修行不好，才导致灾害的发生。这种根深蒂固的观念与佛教长期的熏染不无关系。所以泰国社会的稳定，在很大程度上也得益于佛教深入广泛的传播。

前两年发生的黄衫军与红衫军的事件，在泰国人心里激起过很大的波澜。由于国王的干涉和军队的掌权，事件早已得到平息。然而，埋藏于泰国人心灵深处的民主思想和民主精神，已经正在形成新的潮流，包括佛教的义理精神和修行方法，都在泰国面临新的革新的呼声。而以旅游为支柱产业的泰国，继续的开放必将进一步受到西方或者东方思想文化的冲击和影响。对此，泰国人也在研究应对的方法。但隐约中我还是深刻预感到，泰国社会正在发生悄然的变化，已经对处于绝对权力的权势阶层有了不太一致的声音。未来三十年，将是泰国深刻变化的一个时代，包括泰国的政治体制，也包括佛教在泰国的地位。

泰国玉佛寺

从“四谛说”说开去

释迦牟尼在菩提树下悟道悟出了一个“四谛说”，成为早期佛教重要的义理之一。同中国的孔子及他的学问一样，释迦牟尼的佛教义理也是他的学生或者追随者们根据他的言论整理和追记的，据说释迦牟尼生前没有留下只言片语。释迦牟尼之后两千多年以来，这些义理几经传播和演变，期间的增删肯定会有，所以这些义理是否为释迦牟尼的本意已经很难考证。今天我们学习“四谛说”，也只能就四谛谈四谛，而且仅仅从字面并结合生活的感受，做些粗浅的阐述和理解，其中的不足或者荒谬之处在所难免，希望各位方家、文友不吝赐教。

一

“四谛说”第一说便是苦谛。当年的这位迦毗罗卫国净饭王的太子出家时年纪也不大，仅仅20岁，已经结婚生子。一个衣食无忧而且享受着太子尊位的青年何以能深切体会到人生之苦？尤其是生老病死之苦？研究佛教的史学家推测，或许是释迦牟尼的婚姻因为政治联姻之故，娶了一位相貌丑陋的妻子，进而对女人的身体产生极度恐惧的心理，对人体的丑陋开始彻悟；或许是因为释迦牟尼在优越的生活中深切意识到所有这一切都是短暂的，不可延续的，从而感悟到人生的短暂，产生了厌世情绪；或许释迦牟尼在云游的生活中看到或体会到人的生老病死的无奈和痛苦；或许释迦牟尼曾经亲身经历过释迦部族亡国灭族的惨祸和部族间残酷的战争杀戮。据说佛陀布教时，曾得到波斯匿王的支持。可是当波斯匿王出国之际，他的大臣居然发动政变，拥立他的儿子毗琉璃为王。不久毗琉璃就发兵消灭了释迦的国家。当毗琉璃亲率大军行进时，释迦牟尼曾在路上苦苦劝阻，却并未得到积极的回应。释迦族被杀得“积尸如莽，流血成河”。乔答摩还听到了释氏五百妇女被杀戮时绝望的呼号和向佛求救的呐喊声，他几乎什么都做不了，唯有遣比丘为逝者念佛祷告。

这样的经历，对一个人肯定会产生极大的刺激，消极厌世乃至绝望也就不足为怪了。尽管他是一位王子，一位部族的王子，可是在部族间以及部族内部相互杀戮的场景下，他能保命已经是奇迹了。所以释迦牟尼并不像有些僧人所言，他放弃了优越的生活和高贵的王位，一心向佛。任何人的任何意念，都是他的经历的折射。包括佛教的诞生，肯定与吠陀时代古印度的社会现状有因果关系。佛教以人生苦多为基点，则必然是与古印度吠陀时代中期印度社会现状存在着诸多的苦难有关。就像中国东晋十六国时期佛教突然兴盛一样，这是中国不堪回首的黑暗时代，也是佛教骤然兴旺的时代。当人的生命如同草芥时，宗教能给人以精神抚慰和支撑。不然的话，谁能解释佛教自东汉传入中国，为何在几百年后的东晋十六国才开始普及？

二

人生苦是一个笼统的概念，具体还有四苦、八苦、九苦、十一苦等。在《增一阿含经·四谛品》中有这样一个解释：

“彼云何为苦谛？所谓苦谛者，生苦、老苦、病苦、死苦、忧悲恼苦、恩爱离别苦、所欲不得苦。取要言之，五盛阴苦。是谓名为苦谛”。

《增一阿含经·四谛品》所列举的这八苦，生老病死是自然带来的苦，其余是人的主观愿望得不到满足所引发的苦，《增一阿含经·四谛品》把后者归结为五盛阴。五阴是佛教对“人”的特殊称谓，“五盛阴”其实说穿了也就是“人的欲望太盛”，从而导致人生之苦。

佛教四谛中的苦谛，一直是佛教基本的义理之一，也一直遭受各种质疑。

尤其是关于生老病死之苦，并非只是由佛教才开始“醒悟”。自摆脱野蛮状态、进入文明时代后，生老病死就一直困扰着人类，特别是关于死亡的问题，对人这种有着灵感的动物所造成的恐惧和摧残是非常巨大的，具有毁灭性的。“生年不满百，常怀千岁忧”“人生若尘露，天道邈悠悠”。自古至今的人都曾经深切地感慨过生命的短促和无奈。然而，无奈归无奈，绝望归绝望，人总是要活的，人类总是要繁衍的，自绝者毕竟只是少数，多数人都是在希望中度过一生，在无奈和纠结中告别人世。佛教对此感悟深切，在早期所宣扬的苦谛中，过分夸大了人的生老病死的绝望，没有帮助人客观地对待生老病死这个不可逆转的自然规律，从而导致佛教僧侣中出现过严重的自戕、自杀和互杀的血腥场面。据此也引起佛教与社会之间的不和谐现象，使佛教面临世俗的挑战。后来佛教僧团意识到这个问题，很快以戒杀之律纠正错误，并且在苦谛中关于生老病死的宣传时，重点强调人身难逢，人生可贵，从厌世中摆脱，寻求积极的修为之道，往生西方极乐世界，才逐渐扭转了一度被冷落的困局。

佛教把生老病死作为人生之苦，正是迎合了人对生命短促的无奈和对疾病的恐惧。但两千六百多年前的佛教并不曾意识到人在思维上的弱点，所以当佛陀发现人的最大困惑就在生老病死的时候，曾极力扩大其消极厌世的情绪，结果导致很多人出现极端倾向，竟然不惜牺牲自己或者他人的生命以求精神上的解脱。一直到当代，仍然有一些邪教组织利用人的思维盲点，煽动极端宗教思想。比如日本的奥姆真理教曾于1995年3月20日制造了地铁沙林毒气袭击，导致13人当场死亡，6300人受伤。而奥姆真理教正是宣扬了早期佛教关于人“生老病死乃人生一切苦难之根，只有解除了肉体，才可以摆脱苦难”的极端义理。1978年11月18日发生在北美琼斯镇的909人集体自杀的事件，也是美国邪教组织人民圣殿教所导演的人间悲剧。

作为一个人，在社会平稳和个人平顺的情况下，一般都会适应社会主流形态，紧跟时代步伐，在思维和判断上与时俱进，不会出现“钻牛角尖”的现象。但是，一旦个人生活出现祸患或社会出现战争、瘟疫、旱涝、饥荒等，就很容易产生对人生的怀疑与绝望。尤其是在极端思想的诱导和混乱思维体系的干扰下，人会不知不觉背离以往的生活轨迹和思维轨迹，走向一个连自己都不知不觉的特定思维隧道里。看看那些传销者的“洗脑”课程，我们就不难明白人在特殊的背景下是多么容易被“引诱”被“制导”。所以，正常的社会管理，就应当时刻警惕来自极端思潮的影响，包括极端宗教的“制导”作用。宗教本身也应该坚持以社会责任为主体，不应把自己所崇尚的宗教义理绝对化。

人的生老病死固然彰显出诸多的无奈和悲伤，但是与任何的生命体一样，人也应以平常心遵守生物自然淘汰的规律，不应该在精神层面产生过分的恐惧心理。作为佛教，悟到人的生老病死有着不可挽回的困苦，但是总归要客观地科学地看待这个问题，并且有义务在义理上寻求符合社会需要的解脱之道。一味的以悲制悲，并不符合人类发展的精神需要。所幸佛教四谛中，就有对此的解脱之道，在理论上也能自圆其说。

三

“四谛说”的“集谛”正是为人生诸苦寻找根源的。其中最主要的根源就是“五阴聚合”说，“十二因缘”说，“业报轮回”说。

在佛陀看来，人世间一切事物和现象，都不可能孤立存在，而是由多种因素集合而成。而这种集合而成的事物或现象又处在生灭变化中，没有永恒不变的事物或现象。事物或现象的联系和变化，只在一定条件下才能“缘起”。离开了“因缘”，就没有世间的一切。而人的色、受、想、行、识等五类现象构成自身活动的“业力”，并以此“业力”形成有差别的果报，是谓“业报轮回”。

对于如何解脱痛苦的问题，“四谛说”有一个“灭谛”。所谓“灭谛”，就是通常所说的“圆寂”，佛教的“圆寂”还有另一个名词叫“涅槃”。“涅槃”是指什么？“涅槃”是熄灭了一切烦恼。好像是在说，人只有死了才会一了百了。其实按照我们的生活经验，这一条似乎很有道理。人世间的是非曲直、声色货利，只有死了，才会一笔勾销。但是佛教不这样认为，“佛教反对把‘涅槃’当作死亡解释。按照佛教教义，死是和再生有联系的，死亡不过是‘有情’从一个轮回到另一个轮回阶位的转变”（见杜继文《佛教史》）。

“涅槃”的特征就是要避免人的生死苦难。佛教义理到了这儿，就有点哲学的味道了。一般的学佛者要做到一目了然，估计会有困难，因为他已经有了某种神秘的色彩。任何的宗教理论，一旦神秘起来，就有着自身的某种缺陷。

“四谛说”最后为我们指出了解脱苦恼的“道谛”，通常的教义中就有所谓的“八正道”：正见、正志、正语、正业、正命、正精进、正念、正定。再简单一些，就是所谓的“戒、定、慧”，戒是戒恶，定是禅定，慧是智慧。三者归一，就是要“断惑”。断灭一切迷惑你、烦恼你的思想观念、精神感情、贪痴欲望等。

转了一个大圈子，就是要断念性！

四

人生有两个基本需求：食与色。食乃命之根本，没有任何一个人能伟大到不食人间烟火的程度。谁都要吃喝拉撒，谁都要首先活命。至于色的问题，就更加明确，人离开了两性的交媾，就必然走向灭亡。相信谁都不想将人的性欲节制到无性的状况。因为没有了男女之间的性欲，就没有了人类。

由此派生出人的爱恨离别忧憎悲恼等等困惑与不幸。

仅仅一个“爱欲”，就演绎出多少场悲欢离合的人生悲喜剧？人的不安就在于这个世界上没有一律的东西，任何的事情都会有高低贵贱，都会有差别。而差别就注定人生是一座相互攀比的竞技场，是一场你争我夺的战争。

早期佛教“把人生和社会看作桎梏，把‘爱’等作为制造这一桎梏的原因，所以禁欲主义就成了必然的结论”（杜继文主编的《佛教史》）。佛教所宣扬的禁欲主义既有其积极的一面，也有其消极的一面。积极的一面在于：通过宣传禁欲主义，使人从物欲和爱欲的藩篱中摆脱出来，过一种“清心寡欲”“没有烦恼”的清静日子；消极的方面在于：禁欲主义毕竟与多数人的直观感受形成冲突，脱离了社会趋利避害的主流价值观。

其实就算出家的僧人，从古到今也没有几个人能达到“无我”的境界。我们修佛，最大的愿力当从“清心寡欲”做起。不是要人不吃不喝不色不欲，而是要人不要痴贪，不要为此嗔恚伤身。

世间人，且不论戒断贪痴嗔恚，就算做到“淡泊名利”又有几人？

我曾经询问过出家的僧人，何以才能从欲望的苦海中解脱？有僧人说：修佛的目的就在于“断惑”。“惑”是什么？

惑就是烦恼，而烦恼来自于你出生后所形成的思想理念，家人朋友所赋予你的情感意识，以及社会所灌输给你的物质欲望。铲除这些东西，是人生的一场堪比生死的艰苦斗争，没有顽强的意志和定力，是做不到的。这恐怕也是多数人修佛终难成佛的主要原因。但是人生于世，要维系基本的生命，就必须要和物质打交道，必须要有情感的体验。就算过一种最简单的生活，也是要索取才能获得。没有人一张嘴就有食品掉在嘴里。和尚就算很高尚，很有修为，谁能说他离开物质还能维系基本的生存呢?

与其“断惑”，不如“不生”。当年佛陀主张一切修行人都要出家，恐怕就和这个问题有关。

然而，全世界的和尚尼姑毕竟只是少数。按照逻辑推理，如果全世界都悟出“不生”的真谛，人类世界恐怕就岌岌可危了。既然这个地球没有了人类，佛教的存在也就成了问题。毕竟佛教和一切宗教，都是要人来抬轿子的。

也有高僧说过，凡事不能抬杠。佛理体会到哪儿就是哪儿。若以抬杠的心态，佛理也是有漏洞的，任何的理论体系都不可能无懈可击。佛教已经不再针对信众宣传禁欲主义，但佛教所宣传的“净心说”还是有非常现实的积极意义的。“心者，自性清静，客尘所污”。人的心性本来是清静的，只是受外在于心性的“客尘”烦恼污染才不洁净的。通过修道，断除烦恼，使本净的心性显现出来，这就是解脱。不管这些理论是大乘佛教所主张的还是小乘佛教所主张的，他所宣扬的义理犹如一剂苦口良药，对我们当今这个“浮躁”的社会，一切向钱看的社会，无疑是有发聋振聩般意义的。

在物欲横流的当今社会，失衡的价值观已经使我们扭曲的社会雪上加霜，甚至于连佛教僧侣们都按捺不住，屡屡有人掉落在灯红酒绿的染缸里不能自拔。声色货利犹如一个个吸力极大的空洞，既颠覆着常人的思维定势和处事习惯，也动摇着寺院僧侣的定力。此种形势更需要佛教以及道教等宗教的合力帮助与扭转。可惜在我们国家，烧香拜佛的人不少，真正崇信佛教者微乎其微，多数人到庙里都是看热闹或者干脆就是祈求菩萨保佑自己升官发财、享福避祸。没有几个人站在释迦牟尼塑像前，忏悔自己往昔的贪欲嗔恚；没有几个人顿悟人生的真谛不在钱的多寡，而在心量的大小；没有几个人能够通过学佛念经超脱出滚滚红尘，在你争我夺的狂奔中歇一歇脚步，理一理自己的情绪；没有几个人面对佛陀，把芸芸众生的幸福当作自己的幸福，时时处处替他人着想；没有几个人能够在自己的言行中首先以社会责任为己任，为制度的社会，秩序的社会，和谐的社会约束自己，要求自己！

都在忙啊！忙什么呢？忙了面子忙里子，忙了公事忙私事，忙了他人忙自己，忙了自己忙子孙。为什么这样忙？这样忙值不值？

人生几十年，时间都去哪儿了？问一问自己。

有人把当今中国社会的戾气归结为信仰缺失，此话当然有一定道理。一个既没有道义信仰、又缺少宗教信仰的国家，是注定不会有和谐的。但是，以今日中国的病症，让佛教开出治病的药方，估计很难。佛教慈悲为怀，普渡众生，佛教可以端正一个人失衡的心理天枰，却改不了失衡的社会天枰。

当一个社会出现疯狂的权力寻租，多数人是注定不会心安理得的过自己的小日子的。因为人的最基本的精神寄托不在自身的超脱，而在自身生活的社会有基本的公平正义和人格魅力。

寺院经济今与昔

早期佛教规定，修道的人都要出家为僧，出家后的吃饭问题靠持钵乞食。这个规矩一直到今天还在东南亚一些国家施行。我在泰国的寺院没有见到厨房，泰国的僧侣都靠每一日清晨的乞食养活自己，而泰国的百姓也多以供养僧侣为荣。据说寺庙的和尚或者尼姑都会与相对固定的人家结成对子，人家吃什么，和尚就吃什么。这对于一个相对较小的国家来说，事情可能没有那么复杂，因为寺庙里的僧尼总是有限的，加之泰国社会几百年来对佛教的一贯的尊崇和佛教组织相对较好的自律，使彼此的关系一直得到较好的维持。

中国大陆的佛教寺院就不一样了。和尚或尼姑基本都在庙里生火做饭，所吃的粮食既有信众供养的，也有寺院自种自收的。但多数时候还是依靠信众供养，才能维持寺院里僧尼的基本生活需求。这样的情况放在丰年或政治稳定的时期，一般不会有多大的问题，假如粮食欠收或者遭遇旱涝虫灾或者出现政治动荡，问题就凸显出来。

像战乱频繁的东晋十六国时期，寺院几乎成了避难所。为了免于无辜被杀戮和饥馑所带来的生命危机，民众都争先恐后出家为僧，结果寺庙里人满为患，吃饭就成了大问题。

就算历史上最兴盛的大唐王朝，也曾面临这样的困局。当李渊刚刚当上唐王朝的第一任皇帝时，就有太史令傅奕上表斥佛，请求罢废。傅奕正好抓住了佛教在吃饭问题上的弱点，突出指责佛教“剥削民财，割截国储”“军民逃役，剃发隐中；不事二亲，专行十恶”，建议国家采取措施，“令逃课之党，普乐输租；避役之曹，恒忻效力”（《见广弘明集》）。傅奕指责佛教也就两个问题：一个是吃饭问题，一个是徭役问题。其中吃饭问题被他一语中的，徭役问题却莫怪佛教寺院。因为大唐王朝沿袭了隋朝的规矩，免除了佛教寺院从业人员的徭役。李渊没有迎合傅奕的指责，却对佛、道寺观做了大力裁减。到了李世民执政，佛道二教争论日甚，太宗采取比较宽松的宗教政策，只是把道教置于佛教之前，两家的发展并没有受到多大的影响，但对寺院僧尼的数量采取严格限制的措施。比如在度牒的发放上，李世民就采取了较为审慎的态度。李世民在执政后期十分崇信佛教，但也没有大张旗鼓地兴建寺院和滥发度牒。

尽管如此，佛教寺院还是给社会带来经济上的巨大压力。

大唐初期，朝廷也想了不少办法帮助寺院解决吃饭问题。如颁布与社会一样的土地政策：让寺院也享受均田制。“凡道士给田三十亩，女冠二十亩，僧尼亦如之”（《大唐六典·户部》）。这等于国家正式承认寺院经济属于社会经济的一部分。按照这个办法，寺院足以解决自己的吃饭问题，应该是一个两全其美之举。然而，由于对寺院免役免赋的特权没有取消，结果使寺院经济恶性膨胀，丁口急剧流入僧门。尤其是民间私自发放度牒的行为屡禁不止，无籍僧尼的数量大大超过了登记在册的僧尼数量，从而给社会带来很大的负面影响。

唐初鼓励寺院自行谋生的“寺院经济”当然也不是他的发明，早在魏晋时期就已经在寺院进行过实践。

佛教传入中国后的一段时间，因为仅仅局限于学术交流，所以还没有寺院。魏晋时期佛教开始普及，寺院也开始做为佛教重要的弘法阵地登上历史舞台。

早期的寺庙依靠乞食维生，乞食中的高级僧侣可以往来于庙堂，当清客，任谋士。大多数僧侣则游走江湖，有一顿没一顿。由于地理位置的不同或方丈、住持在能力上的差异，使寺庙形成严重的贫富差距。东晋末年，已经有寺院僧侣开始经商、做工、从医、为巫等，曾遭到社会舆论的谴责。后来各地也曾采取过一些缓解的办法，但在大势上，寺院因为已经演变成经济实体，有的富比巨商，权势熏天；有的穷困潦倒，门庭冷落。

到了隋唐时期，这种情况更加严重。

唐代的寺院经济大致有两种类型：一是由朝廷敕建的国家大寺，如西明寺、慈恩寺。这些寺庙既享受“口分地”的政策，又享受皇室敕赐的田庄，平时的供给还依赖国家。西明寺仅唐高宗就赐给田园上百顷，还配给“豪车”五十辆。二是由名人权贵改舍成寺，扩地经商。连著名诗人王维都难以超脱。他将辋川“别业”舍为清源寺，草堂精舍、竹林果园一应俱全。当时的人这样评论寺庙：“沙门盛洙泗之众，精舍丽王侯之居。既营之于爽垲（指地势高的干爽之地），又资之以膏腴。擢修幢而曜日，拟甲第而当衢。王公大人助之以金帛，农商富族施之以田庐”（见《广弘明集》）！

此书在出版前我曾让朋友审阅，朋友说，咋看都和现在的情况一样一样的。不曾想一千多年后，中国的寺庙居然再一次上演盛唐时代的这一幕没有彼岸的历史悲剧。我说，事情也许还没有严重到那个程度。因为唐王朝的寺院经济中那些由政治庇护、国家资助的寺庙，后来在“独立经营”的旗帜下，开始跨州越县，从事兼并。洛阳的昭成寺，只用了41年，就以买地和施地的方式兼并土地17915亩；浙江天童寺有田1.3亿亩；山东醴泉寺有庄园15所。天下的丰田美景，基本上都被寺庙占据了。

结果呢？以盛世自居的大唐王朝，仅仅兴盛了一百多年，就爆发了安史之乱。从此以后，大唐就一直走下坡路，直到灭亡。大唐灭亡固然有其政治、经济、军事等一系列因素，但寺院也是一个窗口，仅从大唐寺院的兴衰起伏就可以大致窥探出这个王朝的兴衰史。

俗话说：民以食为天。僧侣也是人，吃饭的事情当然比佛大。也许当初佛陀没有充分预计到出家和尚的吃饭问题会困扰佛教几千年。一个动辄数以万计的群体，单靠乞食解决自己的吃饭问题显然没有现实意义。那么靠什么呢？就靠寺院经济。

问题是：寺院原本是弘法崇佛之圣地，在信众们看来，寺庙应该和经商远离才对，不然的话，谁还来寺庙烧香敬佛呢？可是没有几个人站在寺庙的角度想一想，那些和尚们的衣食住行该怎样解决？都知道寺庙里有功德箱，功德箱就是用来解决和尚们的吃饭问题的；都知道寺庙有皈依的弟子，弟子们供养寺庙的柴米油盐，也是解决和尚们的衣食住行的。问题是功德箱所收取的钱财能不能满足这家寺庙和尚们的衣食住行？皈依的弟子所捐的钱财能不能确保用在和尚们的衣食住行上？没有人知道，也没有人关注，更没有人对此进行剖析揭示。

以我看来，功德箱不是问题，皈依的弟子捐款也不是问题，甚至连寺庙经济都不是问题。什么才是问题呢？

出家弘法是一个大问题。看看中国历朝历代对待寺庙的态度，就能看出一点门道。为什么佛教屡屡被朝廷限制或者打压？主要的原因就是出家人的数量超出了社会能够承受的限度。那么一个社会，究竟有多少和尚才是合理的？恐怕没有人能够回答这个问题。但是，僧尼不可能无限度扩张，这是几千年以来的经验总结。任何社会都应该对此有一个认识，不应该放任自流。

佛教也应该对此进行必要的反思。出家毕竟是一件关乎社会稳定的大事，审慎而行当有必要。出家也应有出家的规矩，这个规矩不能简单的由寺庙确定，而应由国家的管理部门和信众参与。以往的僧侣泛滥多是由于对小型寺庙或者茅棚缺少监督。任何的出家崇佛者，都应该在宗教自由的前提下，有一个相应的登记手续。不是任何时候、任何人都可以毫无顾忌的随意出家或者随意还俗的。对此拿捏的程度将考验执政者的执政理念和执政能力。

社会的有效监督也是一个不容忽视的大问题。寺庙经商应符合国家法律和宗教规范，毕竟寺庙不是有限责任公司。“适可而止”应有法律层面上的界定，不能由人随意界定。而寺庙的收入以及支出更应该纳入社会管理的轨道中，既要监督收入的合理性，也要监督支出的合理性。其中信众的知情权应该得到法律的保证。

我所说的这些道理当然只是一些原则，不可能开出具体的“药方”。但以往在寺院经济上连基本的指导思想都没有，难怪寺院经济的兴废问题一直被社会普遍关注，却一直没有较好的解决办法。当社会比较稳定、经济发展时，寺院经济也会紧跟时代步伐，兴起一波又一波经商热；当政局出现风云突变时，寺院经济会随之被查抄、被打压，甚至被抢夺。

僧侣作为一个特殊阶层，政府应该有相对成熟的管理机制和管理办法。封建专制时代，曾有不少帝王花费心思解决寺院僧侣的生活和弘法的资粮问题，但基本都是因人而兴，因人而废。这既是封建专制的一个突出特点，也是寺院经济兴衰的特征。毕竟在封建专制时代，寺院只不过是封建专制王朝的附庸。寺院和僧尼本身也曾做过有益的探索，因为上述原因，也都不了了之。

比如公元八世纪中叶，我国南方曾经出现过“农禅结合”的寺院经济模式，首倡者是马祖道义。农禅结合首先在政治动荡的湖南、江西展开。这些并没有多少文化的失业农民依山聚合，竞建禅院以安身，自耕自足以谋生。也许因为这种“农禅结合”的寺院经济所处都在深山老林，当平原上的瘟疫、旱洪蝗灾和社会动荡几乎荡平人口密集地带的寺院及寺院经济时，这些山林寺院因为“农禅结合”的经济模式，得以较好地保存，并且在很长一段时间成为兴佛弘法的主力军。然而，随着经济的进一步壮大，“农禅结合”的寺院也开始建立规模较大的庄园，一些大地主也开始涉足“农禅结合”的寺院经济，结果与当局和社会开始争名争利，最终也成为被专政的对象。当然也有一些居于深山老林的寺院保留下来，其所以能保留，则与“农禅结合”的寺院经济密不可分，而且规模都不是很大，不太引人注意。这些被保留下来的山林寺院的共同特点是：在经济上维持现状，与当权者保持一定距离，在社会上不张扬，在佛理的教化上比较单一。

一直到今天，我们还可以看到这种“农禅结合”的寺院的影子，虽然庙小人稀，却保持了传统寺庙的文化底蕴。终南山祥峪西侧的圭峰山巨龙岭，因为没有便捷的道路，要上盘踞在圭峰山巨龙岭上的圭峰寺，需要沿着羊肠小道艰难跋涉。尽管站在圭峰山，关中平原一览无余，自然景色十分壮丽，但是因为山高路陡，才使圭峰寺免于喧嚣。这座始建于隋代、鸠摩罗什曾经居住过的千年寺庙至今仍然保持着“农禅结合”的原始模式。几位和尚耕种着寺院大约三亩土地，粮食、蔬菜基本自给。今天的圭峰寺，虽然房屋陈旧，但是和尚们依然“自扫青苔室，闲倚白石看”，院里的大丽花竞相绽放，不远处的瀑布哗哗作响，寺前的那棵老榆树依然挺立，注视着山下的风云变幻。

与圭峰寺形成巨大反差的是慈恩寺及大雁塔了。据说慈恩寺的门票收入日进斗金。当然慈恩寺和嵩山的少林寺相比，又相形见绌。少林寺开办了数十家公司，资产累计已经超过百亿。

最近（2015 年 7 - 8 月）少林寺很热闹，寺内的和尚以释正义之名举报少林寺方丈释永信，所列的问题与当今贪官差不多。此事不管今后能否被查个水落石出，但是警示的作用已经凸显。少林寺的现状告诉我们：凡是寺庙的经营行为，都应该纳入被监督的范围。一个进步的、文明的、现代的社会，既不可以有法外公民，也不可以有法外寺庙。在寺庙的管理上绝不能沿袭传统的套路，必须顺应世界潮流，引进民主化程序。

值得深思的是：佛教发展了两千年，社会进化了两千年，却没有解决一些根本问题。比如贵族出身的净觉，曾经过着一种堪比君王的生活。和尚怀信曾经这样描述他们寺庙里的奢华：“星光未旦，十利之精馔已陈；日彩方中，三德之珍馐总萃。不知耕获之顿弊，不识鼎饪之劬劳……若乃悠悠四俗，茫茫九土，谁家非我之仓储，何人非余之子弟”（见《释门自镜录》）？一个和尚，居然过着胜似帝王的日子，请问这是谁给的方便？没有监督的权力，不管他在什么地方，哪怕在深山老林，也会肆无忌惮，为所欲为。

寺院经济的健康发展，对于寺院弘法和僧侣的生活以及减轻信众和社会的负担，无疑是有积极的意义的。一味的以佛教教义对寺院经济进行打压或者指责，并不是明智之举。但是寺院经济该如何做，则有必要进行深入地探讨。如果寺院以自身的条件开展与弘法有关的活动，并且通过活动收取适当的费用以弥补弘法和生活资财，也未尝不可。据说终南山沣峪内一座祖庭，仅一年的香火钱就有几十万之多。可惜这些钱都被某些人以非正常的手段牟取了。还有一些寺院开设禅茶品鉴活动，并适当收取茶水费。这样做既不违反佛教的戒律，也与国家法律无冲突，何乐而不为呢？我曾经应邀给罗汉洞村后山的观音禅寺做过一个策划方案，方案因为有设立禅茶品鉴的房舍和经营内容，结果被观音禅寺的几位居士严词驳斥。今天的观音禅寺已经建起数座大殿、禅房，气势堪称辉煌。然而这种依靠居士或者某些特殊人物捐建的行为能否长久维持？寺庙的日常生活以及弘法活动是否具有长久的经济支撑？却没有谁认真思考。

既然佛教是一项万古长青的事业，寺院经济就不能没有，这是基本的共识。

发展寺院经济，首先要防止的是与民争利，与佛教戒律相悖。寺院经济要立足寺院，立足佛教，而不是满世界注册开办公司，经商办厂。寺院的香火、禅茶以及信众祷告祈福的花篮和吉祥物品，都可以适当进行包装和开发。寺院的功德箱也有改进的空间，比如设立碑刻，对功德巨大的居士进行记载表彰等。寺院还有一项堪称摇钱树的经济模式，这就是佛教旅游。以杭州灵隐寺一年接待几百万游客、西安慈恩寺一年接待上百万游客的现实，中国至少有数千座知名寺庙并没有敞开大门供信众瞻仰或开展学佛活动。假如由寺院联姻，做些弘扬佛法的旅游活动，相信寺院经济就会形成蓬勃之势。还有一块事关佛教兴衰的重要内容，却一直被内地束之高阁，仅在台湾和泰国有所作为。佛陀慈悲为怀，普度众生。以此理念，佛教寺院应该主动承担社会救助之责，一旦形成气候，社会就会有巨额的善款流向寺院，而当下的社会善款因为红十字会和慈善机构的信誉问题，被严重地挤压和忽略了。有寺院以门票作为收入，其实无异于自残。小小一张门票，阻隔的是信众和寺庙的联系和感情。

至于佛教戒律也有与时俱进的现实要求，总不能拿着两千多年前从印度传来的戒律规范当今中国佛教僧侣和寺院活动。至于佛教戒律该怎样取舍保留，则需要业界认真的思考和审慎的实践。

其次要有花钱的规矩，并且形成一个既有僧尼、又有居士、还有机构以及媒体进行监督的机制。天下事，不同道同理。任何的经济行为，都应该本着公开、公平、公正、透明的精神旨要。一座庙、一个人，包括一个党、一个政府，一旦被广大民众所信赖，就会有巨大的号召力。人民才是创造世界的英雄。

说一千道一万，寺院僧侣还是要严格按照戒律办事。真正按照戒律去做，就不会有奢侈的事情发生。而寺院僧侣、尤其是方丈、住持们的修为对寺院经济的发展有直接的影响。假如寺院的收入任凭住持胡花乱支，则必然会激起社会的谴责，进而也会影响到寺院经济的健康发展。不管寺院的收入多寡，假如这些钱用来维系基本的生活需求，用来弘法，用来兴办社会福利，用来解救民众于厄困，寺院就算步入正途了。

这对佛教的发展至关重要。

终南山寺庙

佛教的规矩

俗云：无规矩不成方圆。

道教有道教的规矩，佛教也有佛教的规矩。比如佛教的寺院，不论大小，都要有所谓的大雄宝殿。其实佛寺里的大雄宝殿只是佛寺建筑物的一部分。有点规模的佛寺，不但有大雄宝殿，还要有天王殿、法堂、藏经楼以及山门等建筑物。行内人士都知道，一个完整的佛寺，应该具备“七堂伽蓝”。“七堂伽蓝”指的就是佛寺所必备的七类建筑物，包括：山门、佛殿、讲堂、方丈、食堂、浴室、厕所。

寺院寺院，其实寺和院是两回事。

寺在我国早已存在。佛教传入中国前的西汉王朝，就有鸿胪寺了。《辞海》对寺的解释是：官署名称。可见早期的鸿胪寺并非佛教场所，他只是官场的一个接待中心。“鸿胪”二字本为大声传唤、引导礼仪之意。汉武帝时将鸿胪称为大鸿胪，大鸿胪其实就是接待外宾的地方，也置办诸如朝会、典礼、祭祀、宴飨等事务，当然和今天的用场一样有讲究，随便使用是绝无可能的。

佛教早期经籍《四十二章经》的前言中有汉明帝夜梦金人的故事：汉明帝委派专人到西方求佛，在于阗巧遇迦叶摩腾和竺法兰，遂请他们来到洛阳，安置的地方就是鸿胪寺。

寺院的院也是官舍的一种。后来唐高宗将译经的大慈恩寺改成“译经院”，“院”也就逐渐成为佛教的场所之一。于是经过多年的演变，寺院一词就开始联姻并成为佛教场所了。

佛教的寺院还有其他的称谓，比如“庵”。早期的“庵”犹如茅棚的作用一样，只是出家的比丘尼居住之所。后来比丘尼不但居住，而且用来弘法，“庵”也就成为寺的一类。西安蓝田的“水陆庵”就是其中之一。再比如“堂”和“刹”。堂在民间应用广泛，讲堂、茶堂，后来佛教传入，又有了禅堂、佛堂，堂也就开始扮演寺的角色。至于“刹”，则是寺庙门前所立的幡竿，和过去开馆子所立的幡旗一样，如今也都成为寺庙的代名词。我们还经常听说“十方丛林”这个名词，“十方丛林”中的十方就是指四面八方，丛林是借用树林之意，表示许多人聚集在一起。“十方丛林”和“道场”一样，如今都成为寺庙的一种称谓了。

再孤僻一点的称谓还有“兰若”“莲社”等。

在诸佛的供奉上，一般的寺庙会在天王殿或者大雄宝殿安奉释迦牟尼佛，也有的寺庙在大雄宝殿安奉菩萨、弥勒佛的。侧殿则多安奉地藏菩萨、普贤菩萨、药师。比较宏大的寺庙都会有前殿和后殿之分，前殿正面一般安奉弥勒菩萨，东西两旁则供有四大天王（持国天王、增长天王、广目天王、多闻天王）。较小的寺庙则只有大殿，也称大雄宝殿，安奉的佛祖也不尽相同。有的安奉释迦牟尼，有的安奉阿弥陀佛，也有正中安奉释迦牟尼，侧翼安奉其他佛祖。宗派不一样，安奉的佛像也会有很大的差别。

佛像下有供桌，供桌上须有“三具足”：香炉、花瓶、烛台。

一般的印象是寺庙很安静，没有嘈杂的声音，其实也未必。寺院也有寺院的声音，主要来自两类：僧尼诵经及诵经时所演奏的梵乐；报时聚众的梵钟、鼓声。“姑苏城外寒山寺，夜半钟声到客船”。寺庙的钟声既是集合的号子，也是一种仪式。钟响 108 声，意在破除百八烦恼，警示尘世无常。寺庙的鼓按用途分，大致有以下几类：有法会专用的大鼓，有吃饭的斋鼓，也有沐浴的浴鼓。游客最常见的是大殿里置放的一排铃鼓和一只吊钟，这些东西在寺庙早晚的课诵上都会使用，但游客或者信众切莫乱敲，因为寺庙除了以上几种声音外，都是庄严肃穆、静谧清幽的。进到寺庙，无论烧香拜佛、参观游览，都要保持安静，不要大声喧哗，指指点点，更不能在大殿饮食或坐卧。烧香与否都不重要，重要的是不要惊扰佛陀，不要惊扰他人。

在寺庙焚香，一般为环保起见，多数寺庙都已经取消了焚香的仪式，但少数寺庙还保持着焚香敬佛的习惯。焚香并不分多少支，敬一支也是敬，敬十支也是敬，全由自己。所谓多敬多福报，是想当然的讹传。关键是要诚心实意，没有了对佛陀的赤诚之心，再多的供养或者香火都无济于事。

世间人都有生活认知上的误区，其中在每一年的正月初一争抢头炷香就是典型的误区之一。在节假日烧香敬佛，并不因为你烧了头炷香，就可以得到佛陀的特别加持，佛陀才没有那么世故呢。就算你不烧香，佛陀还是佛陀，你还是你，谁也不能把你的一根汗毛揪下来。再说佛陀讲究的是“缘分”，有缘了到庙里烧一炷香，无缘了大路朝天各走一边，佛陀绝不会心胸狭隘到恣意报复的地步。再说因果报应中也没有不敬佛的报应，假如有人以此吓唬你，就离他远远的，他多半是一个假把式，真正的崇佛者都慈眉善目、慈悲为怀。逢年过节争抢头炷香，此乃民间的套路，并不适合佛陀。

扶风法门寺在农历新年的正月初一，居然有信众数万人争抢头炷香。而以现代文明自居的台湾和香港，也有头炷香的讲究。不知道此类讲究缘于何时，因何而兴？过新年心情好，到寺庙上炷香，也未尝不可。但是为了抢上头炷香，竟然不惜半夜排队，就大可不必了。有些人以为抢上了头炷香就可以感动佛陀，保佑你在新的一年事业兴旺，财源滚滚。

我以常识告诉你：这是不可能的。佛陀志在普度众生，是因为众生身陷苦海。所谓苦海，说白了就是人的贪、痴、嗔、恚，其中争抢头炷香也属贪痴一类。既然你贪痴，佛陀该怎样加持你呢？只有帮你解脱了。而解脱的最好的办法就是建议你好好睡觉，不要深更半夜跑到寺庙打搅佛陀。

有些寺院开展所谓的“请香竞标”，据说四川峨眉山宝光寺的头炷香居然拍出了99万元人民币的天价。更多的寺院也积极开展“劝香”活动。香客只能在寺院里“请香”，既不许从外面拿香进来（理由是外面的香不干净），还要遵守寺院的规矩，请一炷香，要分三、六、九等。所谓三者，300元也！3000元也！甚至30000元也！以此类推，却只能步步高，不能降低标准。那么请允许我告诉你，这就是所谓的“文明抢劫”。何谓“文明抢劫”，就是打着弘法的招牌，坐拥寺院的地利，披着合法的身份，干着抢劫的勾当！面对此类抢劫行为，信众们务必远离，万一身不由己，也不必紧张。保持清醒的头脑，不跟他们玩就是了。你不跟他们玩，有人也许会对你说“心不诚”或者“人在做，天在看”之类的话。这时候一定要有定力才是，不被忽悠才是硬道理。全天下的诚实人，都应该明白一个基本的道理：我们所崇信的佛陀，只是帮助我们解除自身烦恼、摆脱人生迷途的导师，不是见人说人话，见鬼说鬼话的巫婆。假如佛陀有眼，可以从天上看到一切，何不先把这些打着他的旗号坑蒙拐骗的恶棍打入十八层地狱呢？一个人也好，一座庙也好，都将遵循这样的归宿：“得道多助、失道寡助”，“多行不义必自毙”！有些人纵然能暂时逃脱佛陀的惩罚，却难逃真理的鞭笞。按照佛理，也难逃因果的轮回报应。世间一切恶人恶事，“不是不报，时候未到。时间一到，统统报销”。这不是我说的，是中共开国元帅陈毅说的。

我们学佛敬佛，不是为了得到什么，而是为了消除身上的业障。

所以当你步入佛寺，首先要心态平和，切勿心存幻想，指望佛陀能给你什么。佛陀本是泥塑的偶像，你的一切烦恼都是要靠你自己消解。

其次还要心存恭敬，敬佛不是偶像崇拜，信佛的人如对父母，不信佛的人也应对佛教偶像所具有的威严保持敬意。这不是寺庙的苛求，而是一个文明人应该具备的基本教养。

第三，跨进大殿时须缓步跨入，不要脚踩门槛。有人曾经追问有何讲究？我说没有，就是提醒访客不要绊倒，以免自伤。进殿后不得穿堂横越或追逐奔跑，就像到别人家里做客，哪有在人家家里大摇大摆、到处乱窜的？

有些寺庙如泰国寺庙和日韩寺庙要求进门脱鞋，最好的办法就是“入乡随俗”，大可不必为此较劲，因为很多地方的日常生活就有进门脱鞋的讲究。在日本或者韩国旅游，也会经常脱鞋就餐。

去过泰国的人都知道，泰国寺庙要求进入大殿者必须长衣长裤或者长裙，甚至还有专门的商店为游客提供此类物品，价格不是很贵，却只能穿一次。绝大多数人都照此办理，也会有个别人不以为然。作为一个生活在现代社会的文明人，但凡走进公共场所，都应该服装仪表整齐大方，尤以进入寺庙，总不至于袒胸露背，拖鞋短裤吧？这叫什么，就叫“绅士风度”。只可惜堂堂大中国十三亿众，六万万五千万男同胞，不俱绅士风度者还真不少。很多人所缺的不是聪明智慧，而是基本的教养。

在寺庙的殿堂内打呵欠擦鼻涕也不是不可以，但最好走出门外，毕竟寺庙里的殿堂是公共场所，而公共场所就有公共场所的规矩。打呵欠擦鼻涕应该背对行人，就像不得已要咳嗽，咳嗽时以手掩口或者以纸掩口，不正面对着别人，这才是对一个文明人的基本要求。我们习以为常、随时随地可以看见的那些在商场、在医院等场所挖鼻子抠眼屎的妙龄少女，其实反映出一个不容忽视的现实问题：很多人并不懂得尊重他人并且自重。那么在这本关于佛教的书里，我们不妨做些礼貌教育吧。

到了礼佛这一环。礼佛也有礼佛的讲究，通常的要求是：双手合十，形态从容，莫要急起急落，左顾右盼。佛教有“五体投地”之说，虽然不讲究磕头下跪，但若有此念想，就要行“头面接足礼”。行“头面接足礼”程序如下：双手合拢胸前，右手伸向蒲团，两膝缓缓跪下，观想佛陀尊严。

不少的居士在寺庙里也曾有过“过堂”的经历。比较规范的寺院也许会帮助居士们过好这一关，条件简陋的寺院就可能忽略。

所谓“过堂”，就是在寺庙里吃饭。寺庙吃饭有讲究，也有一定的仪式，不像我们在家吃饭，拿起筷子端起碗。我曾经在终南山观音禅寺、至相寺、卧龙寺等多家寺院经历“过堂”，基本的礼仪是：大家集合在斋堂内，先由维那师举腔（一名负责斋堂的和尚或尼姑领衔），大众同声念诵“供养咒”，发愿供养一切诸佛，祈愿一切众生同受法食。大众念咒，有人“行堂”，也就是给大家盛饭端菜。在此过程中，僧尼都要继续诵经，经文仍是关于吃饭的咒语，此时不可有任何的交头接耳或闲言碎语。需要添加饭菜，只需手势示意，不必大声呼叫。饭毕时僧值法师还要居中问讯，表示结斋。寺庙里“过堂”，就是一场较小规模的法事，过程看似滑稽，但在佛教看来，与大殿诵经一样的庄严、肃静。一般情况下，寺院对没有皈依的弟子也会网开一面，当他们诵念咒语时，你只要坐在椅子上保持安静、同步吃饭就可以了，提前或推后吃饭都不允许。至于吃饭时的举动，通常也和社会上的要求一样，吃饭保持安静，莫要法师催请，注意姿态端正，不能抬脚翘腿，细嚼慢咽而不是狼吞虎咽。曾有和尚对我说，吃第一口饭应该依序发愿：断一切恶念，修一切善果，度天下众生。对此各人有各人的心思，不必强求，强求也毫无意义。人家心里咋想，别人不会知晓。吃饭时啥都不想，其实也是有利消化的。讲究太多，未必是一件好事。

最后说一说称呼的事情。

我的拙著《我心怡然》中有一篇“称呼的变迁”的短文，对当今普遍的称呼问题做一梳理，尤其对家庭和社会的称呼问题进行了回顾和探讨，但是对宗教的称呼却没有涉及。在本文里我根据寺庙的习惯大致介绍如下：

首先对出家的佛教徒通常的称呼是法师或师傅，对皈依的弟子称呼是护法或居士。若要细分，佛教徒就有所谓的“七个类别”：比丘，俗称和尚；比丘尼，俗称尼姑；沙弥和沙弥尼，是指年满七岁不足二十岁的小和尚或小比丘尼，他们虽然出家受戒，但还没有受具足戒。具足戒又称近具戒、大戒。与沙弥所受的十诫相比，具足戒的戒律非常繁多，只有受过具足戒，才可称和尚或比丘尼了。优婆塞、优婆夷，指在家学佛且已受佛教三皈五戒的男子和女子。式叉摩那，指在寺院出家，但未受具足戒的女子。

“和尚”这个称呼对大多数人来说并不陌生，但是大多数人只知道那些剃着光头、身穿袈裟或者法衣的人就是和尚，殊不知和尚这一称谓也是梵文翻译过来的，其意思就是“亲教师”或“大众之师”。古代印度僧人称自己的师父为“乌社”，佛教经过于阗时，于阗人根据西域语音，称“和社”、

“和阇”。估计“和尚”就是这样转讹而来。但无论何时，“和尚”的称谓都是尊称，就像学生称呼老师一样。我们经常听到个别人这样叫和尚：“唉，和尚，你过来”！显然有轻蔑的语调，这就是个人修养的问题了。

在终南山我们还经常听到所谓的“大德”或“大师”的称谓。“大德”“大师”的名号不是谁想有就可以有的。“大德”“大师”都是对那些道德学问足以为人师表的人的尊称。一般情况下，这种称谓或者由官方认可，或者由社会认可。认可的基本前提就是此人要有与之相应的学问和人品。如今社会浮躁乖张，动辄就抬出一位高僧大德或者大师，其实多数都是抬轿子的人蓄意吹捧的，也有个别人自我包装后成为大师的。包括媒体在内，经常会以此为噱头，随意给一些能从中得到实惠的人封一个大德或大师的称号。而媒体又是单一的媒体，其他有看法有证据能证明某人不配当大师的人却没有说话的机会。这恐怕就是当今社会大师泛滥的主要原因了。结果呢？借用一句网络上的调侃：不查都是孔繁森，一查都是王宝森。寺庙里有多少王宝森式人物，百姓心里都有数，根本无需我来指证。

佛教对僧尼及在家修佛的居士都有一整套戒律，其中最主要的戒律就有“五戒”。“五戒”包括：杀生戒、偷盗戒、邪淫戒、妄语戒、饮酒戒。咋看这五戒都是比较消极的措施，做到此五戒，应该是僧尼最起码的条件。但是，就是这几条基本的戒律，却屡屡在佛门被颠覆。试想，一个出家的和尚，却在寺庙之外包养女人，甚至还生有后代。可是，那些犯戒的和尚却若无其事，直到被检举被查实，才显出他的庐山真面目。很多人不理解，既然你耐不住寂寞，何必待在庙里辛苦了自己呢？就因为寺庙有利可图。按照常理，寺庙也是十方道场，人多嘴杂，一般不可能出现和尚偷腥的事情。以如今的通讯手段和交通工具，寺庙的围墙已经丧失其以往的功能了。尤其是那些有巨额的门票收入的寺庙和这些寺庙的住持方丈们，则更是逍遥了。这就给全社会提出了一个问题：谁来监督寺庙的和尚？谁来用佛教的戒律及时准确地惩治违规的僧尼？真的被查实了，在处理上也不是一件难事，戒律就摆在那儿。你和女性睡觉，违反了五戒中的邪淫戒，寺院必然要对你“迁单”处理。所谓“迁单”，就是被摈出门！咋样个摈法呢？把你抛出去！原来寺院僧堂内各人都会有各人的座位，尤其是禅堂里的座位，只有长六尺宽三尺的空间，这是寺庙僧尼们坐卧、饮食的唯一的座席。把你摈出去，就意味着把你在寺庙的“公职”开除了。当然开除的方式也有开除留用与永久开除两种。“迁单”摈你也有“暂摈”和“灭摈”两种。犯邪淫戒当属佛教之重大戒律罪，“迁单”就算“灭摈”了。如果和尚所犯的邪淫戒包含有强奸等刑事罪，那么“迁单”已经不适用了，要用“开除僧籍”来处理。开除僧籍其实不是佛教的戒律，而是宗教管理部门的制度。除了要被开除僧籍，国家法律还要追究刑事责任。僧尼也是公民，既是公民，一切法律当然必须遵守，一切违法犯法的行为当然要被追究或者惩罚。共和制度的社会构架，不应该有一个法外公民。

在我们可爱的祖国，佛教僧尼和我们这些凡夫俗子一样都面临着一大困惑，这就是五戒中的“妄语戒”。何谓“妄语”？未见言见，见言不见，虚伪夸张，籍辞掩饰，皆为妄语。以此衡量，恐怕极少有人能成为一名合格的僧尼；也极少有人能成为合格的居士。只因为这个谎话成瘾的社会，难容的不是妄语，而是真话、实话。

茅棚——终南山之魂

在终南山修行，则无论佛、道，最令人慨叹的莫过于茅棚苦修了。

茅棚顾名思义，茅草的屋顶、树棍的房。正式的建筑不能叫棚，棚其实就是用树棍支撑、以石头挡风、头顶茅草的临时棚屋。有时甚至就在山崖边挖一个洞，洞口挂一个茅草编的帘子。

茅棚周边都会有大小不等的山地，居住在茅棚的修行者过着一种自给自足的生活。他们种麦子、包谷、土豆、蔬菜，料理完日常的家务，就开始拜佛念经、禅思静坐了。大雪弥漫的隆冬时节，终南山几乎见不到游客，只有修行者依然守护着终南山。因为他们心中，有自己崇高的理想信念。

“天下修道终南第一”，不是指终南山的寺观多么灵，而是指终南山的茅棚及住在茅棚的出家僧尼和崇佛的居士静修苦修的精神。依靠这种精神，茅棚文化绵延千年，生生不息，至今依然闻名中外。

终南山涉及长安、蓝田、户县、周至等四个县、区，国家登记的寺庙有260多所；村庙、乡庙、社庙、子孙庙有300多所；以佛、道信众修行为主的茅棚6000多个。

今天的寺庙大部分已经迈进香火道场的门槛，“功利”二字已经使佛、道二教的不少寺庙丧失了本色，唯独茅棚修道还基本保持着佛、道二教的原汁原味。数以千计的出家人和居士仍坚守着佛教或者道教这一块净土。他们以孤独的身影，淡泊的心态，单调的生活和崇高的信念，坚持苦修、静修，在远离尘嚣的静谧中寻求快乐，在孤独寂寞的精神历练中增长智慧。回归自然，回归本性。

许多人都在问：如此这般的艰辛，到底为何？用一位五十年苦修者的话说，就是要超度自己，超度众生。

沣峪口有一个二道桥，沿路往北一拐，就到一个名为“般若庵”的茅棚。“般若庵”不大，充其量只有十几个平方米，庵前有一个小院，小院的一侧是深不见底的山坳，另一侧是直插云霄的山峰。在这个小院驻足的人不少，时常可以见到高档小车停在路边，而小车的主人就坐在“般若庵”前的小院的石凳上。也有骑车前来拜访“般若庵”主人的青年，当然最多的还是那些身居官场的官员和老板，也包括好几位知名的高校老师和社会贤达。我于八年前来到“般若庵”，见到了这位在终南山茅棚苦修了五十年的惟空法师。当时法师已经八十高龄，腿脚不太灵便，但是在她的脸上，却很难看到忧郁的神情。每一次听到有人来访，她都会笑盈盈地掀开门帘，招呼客人坐在石凳上，然后就去烧水。曾经有人送给惟空法师很多钱，但都被她婉言谢绝。她的座右铭是：有吃有喝就是快乐，无灾无病就是幸福。所以有人送来米面，她千谢万谢地收下；有人送来金钱，她就千般万般地推辞掉。

八年来我曾去过二道桥五六次。师傅一日两餐，简简单单，从不奢华。与师傅交谈过多次，却从不知道师傅俗姓俗名，甚至连师傅从哪儿来都无从知晓。只是偶然听人说，惟空法师从普陀寺来，当年曾住在终南山深处的一个山洞里，二十年前才搬到二道桥，住进这座“般若庵”时，“般若庵”还是典型的茅草屋顶、石头房，2003 年才由几名皈依的弟子为她收拾了这所房子。而收拾房子前，因为师傅眼疾住院，弟子才偷偷的“改头换面”，把“般若庵”修成现在的样子，为此弟子们没有被少埋怨。如今八十多岁的惟空法师已经满脸的皱纹，身体有些弯曲，走路颤颤巍巍，可是，参访者却络绎不绝。为什么一个行将就木的老人，一个没有任何物质财富的修行者，一个无儿无女、无依无靠，既不能帮人发财，又不能帮人高升的出家老尼姑，竟然如此受人爱戴？

我问过几位来访者。有的说，到师傅这儿坐上半天，这灵魂就像洗了一样清朗；有的说，和师傅说说话，人世间的尔虞我诈，就像烟云一样消散了；还有的说，什么都不说，就坐在这儿一天，身心就会轻松很多。师傅没有多少豪言壮语，更没有多少经文典故，师傅用她的亲身经历和她近于苛刻的苦修生活告诫我们：人世间的诸多烦恼瞋恚，其实都是贪痴所造。贪痴才是自掘的苦海，掉进这个海里，就迷失了方向。在此行舟，没有彼岸。

有一年仲春，师傅说她身疼骨痛，我怀疑师傅受风寒有内湿，就为师傅开了一个食疗的单子，其中有薏米。同行的朋友坚持要给师傅带来，师傅再三叮咛：只带一点点，多了就浪费了。她的精神世界，已经大到可以装下芸芸众生，却唯独没有给自己留一个位置。这就是所谓的修行，修到了什么？修到了慈悲，修到了无我，修到了般若境界。

像惟空法师这样的修行人在终南山的茅棚还真的不少呢。可惜彼此缘分未到，平时见不到他们，偶尔遇到却不曾交流。

终南山茅棚历史悠久，分布广泛，几乎所有的峪沟、河岔都有茅棚。从东至西数来，就有辋川至红门寺茅棚群，唐代著名诗人王维就隐居在此。历代的文人墨客和修佛问道的僧侣、香客也有不少在此隐居；汤峪至千佛洞、白衣洞茅棚群，曾住过唐代著名的道士吕岩、陈抟等；翠华山茅棚：主要以崖洞为主。其中黄龙洞位于翠华山西峰下，此洞传说曾盘踞过黄龙，因而得名。黄龙肯定不会有，黄龙洞却曾吸引过不少出家人来此苦修悟道；大峪及嘉午台茅棚群：沿今大峪水库南行十数里东拐，就是大峪茅棚主棚区方石沟茅棚群，包括小寺、小庙及茅棚在内约数十处，绵延五公里，居住着来自全国各地的僧尼和苦修者百余人；南五台后山茅棚群：包括狮子茅棚、净土茅棚、观音茅棚、清凉茅棚等，自唐以来一直有修行者在此苦修。民国时期，因为战乱来此苦修或避风者甚多。当代著名的虚云老和尚就曾在狮子茅棚隐居修行。据说虚云老和尚的苦修生活简朴到今日青年难以想象的程度。他一年种三百六十棵土豆，一天吃一个土豆。播下的种子长出多少就吃多少，多结多吃，少结少吃，不结不吃；石砭峪茅棚群：石砭峪仙人岔茅棚群沿沟而建，山泉清冽，绿树掩映，错落有致，历史悠久。原香积寺住持续洞方丈曾于解放前住在大瓢沟观音洞；天子峪茅棚群：天子峪内四公里处为华严宗祖庭至相寺所在，从至相寺东侧往南，山势平缓，草木繁盛，历史上此地茅棚较少，近年来，新起屋舍数十处，多为修行者所建；白石峪茅棚群：白石峪自古为佛教圣地，大佛寺就坐落在半山之上，每逢庙会，香客万众。与大佛寺隔沟相望的就是著名的洗心茅棚，因其有“黑龙潭”，潭水飞流直下，修行者称其瀑布可“洗山亦洗心”，故名洗心茅棚。洗心茅棚棚少屋多，居者来自四面八方，隐居、修行、习字、作画者均有；沣峪茅棚群：沣峪自古为西、汉重要通道，居此修行者众多，几乎所有的沟、岔、岭、梁都有茅棚或房舍，居者混杂，避乱遁世或消暑、明志者居多，苦修者无几；圭峰山茅棚群：圭峰山位于祥峪，因与著名的草堂寺相望，圭峰山及近临的紫阁峪、牛首山等所建的茅棚多为僧尼居住，有一些日久成寺，如金峰寺、宝林寺、新兴寺等。

子午峪是一条千年古道，进峪三公里有一座唐代时期高丽人金可纪所居的金仙观，沿金仙观西行数百米，绿树掩映中，一座典型的旧茅棚呈现在眼前。这座茅棚原本是逃难的一对兄弟所建。后来兄长死了，弟弟也已经年逾半百，一直独身在此。七年前有一天，一位居士租借了这间房子一半的面积，在此修行。这位居士容貌清秀，文笔优美，且曾有著作问世，与陕西的文化界名流颇有交情。尘世的喧嚣，丧子的伤悲，曾经使她陷于绝望。突然间的独居生活，让她如释重负；长久的孤独，使她产生过逃离的念头。按照她的感悟，是佛教的义理净化了她的心，并再次鼓起了她生活的风帆。

2015 年盛夏一个骄阳如火的日子，我和陕西省职工作协主席周养俊先生慕名参访了这位修佛七年的女居士。我们沿着崎岖的山路披荆斩棘，当登上一个并不太高的山坡后，一片用篱笆围着的萱草花映入眼帘。身着灰衣的居士正坐在石桌前与人交谈，从我的直观感觉，她已经从孤独中摆脱，从伤痛中重生。那天我们和居士谈了很多。她谈到自己所修的密宗义理，谈到人生的喜怒哀乐，也谈到精神境界的构建问题，唯独没有谈一句关于她的经历。在她看来，人生就像一场电影，开幕闭幕只在须臾之间。日子暂短，心灵难安。尘世的声色货利犹如一条条绳索，把人的灵魂紧紧困住，活着已经体会不到安静，意识不到为什么活着。修佛的七年，是她人生的一次涅槃。如今的她已经不再打算回归尘世，她要用自己的心走完晚年的路。

子午峪茅棚

虽然如今形式上的茅棚不多，多数都已经是水泥的屋顶钢塑的窗了，但能在深山简陋的房舍居住修行，已经很不简单。这儿没有自来水，山泉水要瓢接桶担，甚至化雪为水；烧柴要斧砍肩扛，烟熏火燎；面米油盐要下山采买，还要背上山去；尤其是豺狼蛇蝎的滋扰惊吓，几乎没有安宁的夜晚。但最难以克服的还是寂寞。前几年没有信号，一旦进山，就预示着要与外界隔绝，隔绝的孤独是常人难以想象的。终南山的隐修者有多少人因为孤独寂寞而罹患忧郁症无法统计，但十个修行人，至少会有六个因难耐寂寞而下山。有一位来自东北的居士住在茅棚，傍晚发现大蛇盘在门口的树上，她趴在窗口一夜，临明时已经不省人事，多亏附近的和尚营救，才保命回家。更多的修行者或耽于艰苦的生活，或耽于寂寥的环境，总会有相当一些人中途而逃。

长期苦修与临时避暑不可同日而语。长期苦修是修佛的基本功，但凡一名高僧大德，基本都曾居住过茅棚或者山洞苦修悟道。没有苦修，就没有所谓的高僧。著名的高僧大德虚云老和尚不止一次在终南山狮子茅棚苦修，前后有三十年。元照法师也曾长期居住在终南山茅棚，圆寂后还归葬在南山深处的东佛沟。

茅棚也好，房舍也好，这些坐落在高山之上的陋室，曾经吸引过多少文人雅士，接纳过多少避离乱世者，磨练过多少苦修崇道的高僧，没有人知道。

曾经有一个时期，大概就在我国的大唐盛世，一些人忌惮科举，躲在深山以隐士自居，借以引起朝廷的注意。还真的有人从终南山走出去成了朝廷命官，不然的话，咋会有一个“终南捷径”的成语流传千古呢？今天不同了，今天讲究的是体制，你在体制内，就算住进终南山，也会有提拔的机会；你在体制外，就算你在钟楼下住上一辈子，也不会有任何一个组织部门注意你。

但终南山还是吸引了不少人，甚至有外国的媒体和外国的作家曾经注意到中国西部这个不是很高却相当灵秀的地方，报道的报道，写书的写书，很是热闹了一阵子。热闹过后，就有一个说法了：终南山居住着5000名隐士！我因为经常上山，也因为曾经写过一本《终南问道》的书，于是就经常有人问我：终南山到底有多少隐士在此居住？我以常识判断：终南山住了多少人我不知道，但绝少有所谓的隐士。因为古代的隐士也是有条件的，或至少是一位士人。古代的士人是一个文化符号，没有传统文化底蕴的人是当不了士人的。以我所见，终南山隐居的人的确不少，但堪称隐士者很少很少。外国人不了解中国的过去，以为住在深山就是隐士了。中国人习惯人云亦云，把居住在终南山的各色人士都当成隐士了。5000隐士隐居在终南山的报道肯定是猜测的，不是谁认真详实的统计的，估计今后若干年也不会有人能统计出来。中国人说话办事，传统的套路就是想当然，往往把传说当成事实，毫无精确可言，历来如此，不必当真。

但有一个事实不可忽视：如今的终南山的的确确住着不少人，有一些峪沟，像沣峪、库峪、石砭峪、大峪、子午峪、祥峪等，近十年以来，新来的住户不少，已经有人满为患的担忧了。尤其是一幢幢新建的住宅拔地而起，山路上已经车水马龙，每逢节假日，就出现拥堵几十里的奇观异景。据说当地政府于2014年铁腕拆迁了几百栋私自搭建的别墅，但像类似于茅棚的住房还鳞次栉比。在任何一道峪沟、任何一个山巅都可以清晰地看到这些风格相同的山间居所，他们的主人十有八九不是修佛修道的，是来山上避暑度假的。还有那些身背双肩包的驴友们，没有哪座山不曾留下他们的足迹，当然也没有哪座山不曾留下喝完水的瓶子、吃完了食品的塑料袋，包括散落于石头缝隙的烟头。

终南山是耸峻奇秀的，山水是甘甜凛冽的，山路是蜿蜒柔顺的，森林是茂密婆娑的。但终南山也有终南山的困扰，尤其在生态上，终南山是脆弱的，输不起的。毕竟这儿养育着陕南、关中的人民，这儿为大西安提供着优质的饮用水，这儿还是中国南北气候的分界线，也是古城的天然氧吧。

也有人很疑惑：为什么不住在交通方便、食品丰富的城市，却要来条件简陋的深山？其实对此也不必大惊小怪。到深山老林休闲避暑图清净这件事，从古到今就没有消停过，连清代杂家李渔也说过：盛夏时日人要择地而眠呢！“睡又必先择地。地之善者有二，曰静；曰凉。不静之地止能睡目，不能睡耳。耳目两岐，岂安身之善策乎？不凉之地，止能睡魂，不能睡身。神魂不附，乃养生之主忌也”。来到终南山的人的身份无须深究，三百六十行，各色人士都有，毕竟爱山爱水不是错。居住在终南山的这些人以“三分拙朴、一分痴心”忘情于山水，代表了所有人的心愿：“君子之所以爱夫山水者，其旨安在？邱园养素，所常处也；泉石啸傲，所长乐也；渔樵隐逸，所常适也；猿鹤飞鸣，所常亲也。尘嚣缰锁，此人情所常厌也；烟霞仙圣，此人情所长愿而不得见也”（见宋郭思编撰的《林泉高致》）。这些隐居在深山老林的各色人士，“坐看云起时”的恬静，“但闻鸟啼声”的悠然，“隐约山光色”的惊奇，“不闻身外事”的超脱，只觉得他们离天堂很近很近了。至于那些茅棚或近似于茅棚的住宅，则既有租赁的民房，也有租赁土地后新建的屋舍，旧有的茅棚已成废墟，新建的茅棚却要村镇的同意。这儿既没有所谓的房产证，也没有所谓的规划图，连茅棚下的土地都是集体或者国有的，任何人在此都无法匿迹。所以说，当今鲜有隐士，隐士只是个传说。

终南山既有着天堂般的神韵，也有着地狱般的恐怖。这儿有天堂一样的气候，盛夏的西安酷暑难耐时，终南山或充其量只有二十六七度；这儿也有地狱般的恐怖，西安的暴雨最多能把街道变成河流，而终南山的峪沟，可以瞬间出现猛兽般的山洪，顷刻席卷一切。就在本书即将脱稿时的 2015 年 8 月 3 日傍晚时刻，一股突如其来的山洪袭击了小峪，十几位正在农家乐就餐的男女被吞没。一直到第二天，才发现已经有九人遇难，其中最小的孩子只有九岁。一个九岁的孩子如何能知这俊秀的山岭上还有猛虎般的山洪？而地狱就在人的疏忽中突然开门，天堂却成了过眼烟云。

天灾是瞬间降临的，人祸也是如影相随的。谁也不曾料到，一对夫妻行走在山间密林中，会有恶徒从身后袭击。这是2015年春天发生在终南山的事件。这对倒霉的夫妻一死一伤，恶徒终被绳之以法。据说判决时恶徒下跪道歉，但已经没有任何意义。

还有既不是人祸、也不是天灾的祸端，也在考验着居住在深山里的人们。毒蛇是山民的常客，野猪是山民的冤家，而有毒的蘑菇和难以防范的病菌病毒也时常侵扰着这些选择在山上居住的人们。半夜发烧对于深山里的人来说就是一次生与死的严峻考验。

我们崇尚佛道，不是住在深山就有好修行了；我们厌烦世俗，不是躲在密林就能与世俗隔绝了。我们爱山，爱水、爱清静，并不需要任何借口。在我们生存的地方，任何人都有义务遵守自然法则，保护环境已经刻不容缓。

“山水，大物也，人之看者，须远而观之，方见得一障山川之形势气象”（宋·郭思编《林泉高致》）。看一幅山水画尚且要站在远处审视，看今日的所谓茅棚及茅棚里居住着的隐士，走得太近，恐只能听到些不实的吹嘘。远远看去，飘渺之中，似有不可言状的神秘。

和尚的使命

一

写这一章的内容，因为一个梦，一个噩梦。虽然在写本书前，我也曾列过一个提纲，但写着写着，就“离题千里”了。很多突发的意念不得不使我改变“计划”，把心中想说的话说出来。

这一章也是如此。

时针已经指向凌晨 3 点 30 分，距离天明还有几个小时，但我已经没有了睡意，刚才做的那个噩梦还记忆犹新，一想起就毛骨悚然，不由得拿起家伙（一根棍子）在房子巡视一圈。夫人睡得很香，孩子和孩子的孩子也睡得很香，家里没有任何的响动，只有偶尔的咳嗽声和微弱的呼吸所发出的声音。

虽然今晚的气温高，湿度大，有点闷热，但静下来还是能安然入睡的。我在睡梦中，隐约来到幼时的农村，那个曾经陪伴我度过童年时光的农家小院。这是一个十分简陋的小院，对开的三面厦房组成了一个“匚”型图案，唯一没有房子的一边就是后院的门楼了。说是门楼，其实很简单，土墙上安了一扇门，门上一个简易的屋顶，仅此而已。就凭这扇门，挡住了后院外庄稼地里的一切害虫，包括恶狼的侵袭。那个年月还有狼，时常在收获麦子时，听到村里人撵狼的呐喊声。

我的噩梦没有梦到狼，却在月光下的小院看到一个人影就站在那棵柿子树下。当我意识到这是一个贼时，贼也意识到我的存在。他很像一个鬼影，很快飘到墙角，拿起一把铁锨，劈头就朝我袭来。

我被惊醒了。翻身的一刹那已经意识到这是一个梦，但是我还是被吓着了。头发几乎都竖起来，浑身冒出了冷汗。

我起身喝水，以缓解恐惧的心情。在房子巡视了一圈，看到房间没有任何的异样后，我还想睡，却怎么也睡不着，脑子又开始运转起来。我想到这几十年以来，自住进单元房以后，几乎每一天晚上临睡前都要检查房子的门是否关好，房子窗子锁扣是否插好，然后才安然地躺在床上。夫人也曾询问过我为什么临睡总是要在房间乱转，我没有理她，因为我不想告诉她我的担心，更不想把我的担心说出来吓着她，人家嫁给咱，是来享福的，不是来担惊受怕的。咱一个堂堂七尺男子汉，就有义务确保家的平安，尤其是在这静谧的夜晚，首要的隐患就是贼的侵入。

看到这儿，读者也许会讥笑我胆小，其实不然。还在我十二三岁的时候，我曾整夜里钻在一人高的玉米地浇水，漆黑的夜晚，只有长兄时不时的呼喊声给我壮胆。

后来进城工作了，成家后多少年都住在单位的宿舍里，并没有担心过人身安全的问题。自从住进单元房后，这个问题就凸显出来。因为时常有报纸披露：某家昨晚进了贼；某家与贼殊死搏斗；某家因为窗扣未扣好，被贼推开窗子进到屋里，偷了钱，还伤了人。就在二十世纪九十年代中期，我曾经认识的一位画家，夜半时分家中进来俩贼，搏斗中画家和他的妻子以及女儿、女婿都被凶恶的歹徒刺死。这是发生在古城的一起几乎家喻户晓的大案，也是震撼我心灵的一个警钟。一个男人，一个生活在佛教所称的末世时代的男人，且不说能给自己的家赚多少钱，但至少应该以自己的责任和胆量维护好一个家的安全。

这就叫所谓的使命吧。

从此以后，我一直很谨慎，也经常做恶梦，其中好多次都在噩梦里与贼战斗。生活中还算平顺，没有在家里正面遇到贼，却也被贼惦记过，也被贼在我上班的时候溜进家里偷过东西。尤其是上班路上的公交车上，我几乎每一次都能看到贼的身影，也曾正面和贼怒目相视。

今晚的梦还是把我吓着了。

我翻来覆去，辗转反侧，就是睡不着。又联想到最近正在写的《终南悟佛》，又想到了曾经在终南山寺院里见到过的各式各样的和尚，于是就再次起身，写下这一段文字。

二

芸芸众生，不管他做什么工作，都在践行他所承担的使命。那么一个出家人有使命吗？和尚能有什么使命？

我是这样思考的：曾经的武僧可能就缘于防贼的使命吧！不然的话，一个和尚，以慈悲为怀，咋会动手动脚时刻做好与人战斗的准备呢？一查资料，还果真如此。著名的少林寺就一直培养武僧，甚至还包括尼姑练武。一座寺庙，为何要以习武作为修佛的要旨？曾经有人演绎说，这是战乱时代生存的法则之一。寺庙在和平年代很少有被入侵的状况，但在战乱年代，寺庙就可能成为流民、土匪或者散兵袭击的对象。此话当然有一定的道理。但问题是：真的出现社会动荡，靠几个和尚练武，或许能对付几个窃贼，若对付一群土匪或者散兵游勇，估计就力不从心了。

事情还真的如我所言。自佛教传入中国以后，特别是佛教寺庙陆续建立后，就曾经发生过无数次被荡平的事件，尤其是安史之乱和金元时代，就有寺庙被洗劫的数次记载，包括终南山在内，像著名的香积寺、草堂寺都曾被残酷的践踏过。草堂寺曾在元兵的铁骑下被摧毁；大清同治年间，约上百名士兵闯进草堂寺，还凭借草堂寺的建筑和另一批武装人员大打出手。这些兵被赶跑了，草堂寺也被焚烧了。据说民国时期还经常有土匪提着盒子炮以夜色掩护翻墙进入草堂寺要粮要钱。

今天的寺庙和尚们都深切地体会到，佛教也好，寺庙也好，和尚也好，没有和平的社会环境，一切都将在风雨飘摇中。稳定的确是一个国家的基石，就算在最为黑暗的金元时期，一旦社会趋稳，寺庙就能彰显出活力。动乱对于寺庙来说，就算有一群武僧，也难以为继。武僧对于窃贼，也不失为一种震慑。

但和尚的使命并不仅限于保护自己。

三

和尚以弘法为主要使命。弘法是典型的佛语，通俗的说法就是传播、推广佛陀的精义。唐慧能《坛经·行由品》："一日思惟，时当弘法，不可终遁"。佛教的"法"不是通常我们所言之法，佛教的"法"乃指佛法。按照佛教的解释就是"任持自性，轨生物解"。"任持自性"是说每一个事物必然都有他特定的性质和相状，有他一定的轨则，事物正是随着他所特有的轨则存在变化的。"轨生物解"是指人们依据事物的轨生，进而认识到事物的特性。一切事物都有他特定的法则，依据此法所昭示的道理，就是佛教用于度己度人的言教。佛教据此还有一个“缘起”的说法。“缘起”之说揭示出佛教所主张的事物之间的因果关系，并以此展现出只有佛教才具备的伦理式宗教。这是比较艰涩的哲学问题，我们暂且放下。

和尚弘法，一是要自己教育自己，二是要学会超度众生。

所面临的问题很多，弘法的任务任重而道远。且不说那些繁重的深层问题，仅以人世间通常的困惑，就足够一位和尚一生觉悟了。

还是从我的噩梦说起。人世间为什么要有坏人？一个没有坏蛋的世界将多么美好？有一次我问一位北京来的和尚，他的回答令我吃惊。他说：世界上任何事物都是相辅相成的，坏蛋是相对于好人说的。人世间没有了好人，就没有坏蛋这个概念了。就像人世间因为有了好人，才有坏蛋一样。按照他的人生感悟，都是好人，就无所谓好人；都是坏蛋，就无所谓坏蛋。听起来很新鲜，仔细一琢磨，居然还有点想象的空间。

佛教的义理很多都具有深邃的哲学至理，非深思不可轻易理解。

我的几十年的担心，就因为心中有一个假设的贼。人若是总为自己设定一个生活场景，恐怕就没有轻松的日子。假如能变换一个角度，假设没有贼，是否生活就能轻松些了？情况还真的如此。人的担心之中，多数都是多余的。就像坐飞机，若总是担心飞机掉下来，恐怕坐一趟飞机就会折损一次寿命。尽管很多担心并不多余，但是人生毕竟太短，有限的生命不能浪费在多余的担心之中，应该把极为宝贵的时间用在寻求生活桎梏的解脱上。担心的事，就在那儿摆着，或许会发生，或许不会发生。解决的途径是做好必要的防范，除此之外就没有什么了。为何要给自己的心灵塞进一个担心的包袱呢？心里一旦有事，焉能不做噩梦？

四

又想到财富问题，这是一个全天下普遍关心的问题。财富是什么？通常的解释是财产、金钱等物质。但西方人不是这样解释的。据说财富是由旧式英语单词 weal（康乐）和 th（情形）两个词组合而成的。希腊文中，财富是 euporeo，可以拆分成两个部分：eu（健康的）poros（通路）。原来财富是通往健康的工具或道路。这样看来，财富这个东西既包括有形的资财，也包括无形诸如康乐、希望、幸福等心理感受。

一个人的财富之多寡，衡量的标准并不能简单地归结为钱的多少。幸福不能离开钱的支撑，幸福却未必有钱就能必然拥有。

在狮子茅棚一处很不起眼的地方，我遇到法名“净觉”

的悟道者。他指着树上两只快乐的正在追逐的雀儿问我：他们的快乐和钱有关系吗？我看到他们快乐的追逐，心里也有了快乐的感受。这种感受和钱有关系吗？

人生的很多次幸福的时刻，的确和财富没有关系。就像人生很多时刻的幸福，是因为拥有一笔财富一样。有形的财富只是构建幸福的一个通道，而摆脱苦恼还需要其他的通道，并不能仅限于谋取财富。更何况财富还有两个身影，一个是有形资产，一个是无形资产。

多数人的不幸是因为把财富局限于金钱上。就算金钱是一个人的命，命这个东西总是要消散的，不可能永恒。

佛教从来不曾教育人蔑视有形的金钱，而只是教育人不要贪痴。当初创立佛教时，就因为财富问题不好解决，于是干脆做出了一个出家的决定。出家了就可能在很大程度上摆脱金钱的捆绑和邪淫的滋扰。“家”其实说穿了，就是一个个经济实体。一个人独处的时候，对金钱是比较淡漠的，一旦有了家的藩篱，人就迷失了本性，把全部的精力都用到一件事情上，这就是赚钱！

你的幸福感受，要看你对什么在乎。你拥有你所喜欢的一本好书，也许你会在阅读他的过程中快乐好长一段时间；你拥有了一位深爱的人，也许此刻的你才是世界上最富有的人。

“娑婆泪海三千界”，可怜这世界中人，对于富贵的福报看得太重，甚至不惜穷毕生的精力追逐金钱。据说常啼菩萨永远在哭，悲痛众生的痴愚。然而，这个世界不是一个圆满的世界，想有的不一定有，不想有的也不一定穷。有福报的不一定有智慧，有智慧的不一定有福报。曾经有人问我：为什么那些看起来瓜瓜的人却在生意上如鱼得水，那些满脑子赚钱好点子的人却只能给人打工？我说：也许上天给了这个聪明人智慧，却忘了给他福报。尤其是近年来一些文盲半文盲居然一个个都成了大老板，另一些文化程度很高的人却屡战屡败，甚至还有一些文人经商，赔个精光。对此我曾多次和终南山的和尚探讨过，就有和尚以佛理为据发表过高见：佛说娑婆世界，其实就是指人的世界。人的世界是一个什么样的世界呢？就是一个存在缺憾而不得完满的世界。在佛陀看来，娑婆世界，善哉，善哉！佛祖不会在意。既然连佛祖都对这个充满缺憾的世界不会在意，常人在意什么呢？有福报的人没有智慧，有智慧的人没有福报。有学问的不一定福报多，福报多不一定有学问。

仔细想过，还真是这样。不过事情还有另一面，说出来也许会恍然大悟：站在一个更高的历史平台上看看往昔那些富商巨贾们，如今都在哪里呢？连魏晋时期用斗装珍珠的石崇今天又有谁提起呢？还有历史上那些帝王们，如今都在黄土下默默地沉睡着，没有一个能站出来炫耀他当年的八面威风，而那些穷愁潦倒的诗人和他们所写的诗还在今天的课堂上被诵读。原来有学问的人的福报在千年以后等着呢。再说有学问的人体会自然人生的意境与没有学问的人也不一样啊。不一样的意境就有不一样的幸福感受。

人生，当追求大福报。真正的大福报，就是佛陀所说的智慧人生。智慧值多少钱？有时候一毛钱都不值，但谁曾见过智慧能用钱买来？

五

思维像一阵风，又回到老问题上：弘法。

小乘佛教，由戒开始，持戒修行是每一个出家和尚或在家居士的基本功，唯有持戒才能够有定力，有了定力就能激发智慧，进而得到解脱。大乘佛教则由布施、持戒、忍辱、精进开始，进而达到禅定，并由禅定得到般若智。

无论小乘和大乘，今日的和尚所承载的使命，其实也只有八个字：超度自己，超度众生。

就和尚这个称谓的本意来说，也是一个教育人的人，不仅仅是一个被教育者。当一个出家的僧尼完成了自己人生从苦恼王国向般若王国的涅槃后，他或她要做的事就是如何扬帆起航，引渡众生脱离苦海，奔向彼岸。

没有此等志向的僧尼，就是不合格的僧尼，而很多出家人徒有虚表，连自己的问题还没有解决好呢。

寺庙外的人看和尚，人家念经就是弘法，其实错了。念经只是一个形式，一种手段，不是目的。

也有人以为参禅就是弘法，也错了。参禅只是自度的过程，任何一个参禅的和尚，终归不能毕生都参禅。犹如一个孩子，三岁时能从1数到100，大人说，这娃很聪明；十岁时从1数到100，大人会说，这娃脑子有毛病。

弘法的和尚犹如人类灵魂的工程师，当了和尚不等于就能弘法。弘法需要卓越的个人修为和学问，非模范持戒不能为之；非彻底丢弃人生的贪痴嗔恚者不能为之；非能忍人间屈辱者不能为之；非达到般若境界不能为之。只可惜，佛教寺庙对此的考核标准不被社会知晓，而寺庙也不像佛祖所言要像吹玻璃瓶一样里外透明，据说滥竽充数者不在少数。依我看，一个终南山，官寺、私寺、茅棚寺，东郭先生还真不少。我在终南山转了七年，却极少见到和尚讲经的场面，甚至也极少有聆听和尚讲经的机会，倒是有几家寺庙送过和尚或大学者讲经的光碟，主讲者不是来自台湾，就是来自美国。

出家，应该也同尘世的规矩一样，一旦出家为僧，就要有为人师表的担当。

天色已经大亮，街道上开始新一天的喧嚣，我的脑海里还浮现出一个个似曾相识的和尚的面孔，为什么他们的脸上，也和尘世众生的表情一样凝重？为什么脱离了红尘羁绊的僧侣们，多数依然表情冷漠？甚或还有个别的人对待香客和参访者表现出傲慢的神气？我的耳边又想起南怀瑾老先生的话语：“宗教心理病，而且患者还不在少。他们太过着相，自以为能盘腿，就是真和尚；自以为能念几句经，就是大师傅；自以为剃了头穿上袈裟，就是要人必须供养的佛门弟子”！南先生大声告诫我们：“你千万注意，凡所有相，皆是虚妄。无上菩萨是非常平实的。真正的道，真正的真理，绝对是平常的，最高明的东西就是最平凡的。做人也一样，最高明的人，也最平凡，平凡到极点的人就是最高明的人”！

那些自命不平凡的人，包括和尚，都是虚妄的把式。

还有那些自命的居士或自命信佛的各色人士，动不动就讲身份，讲名头，估计也是拿佛来装门面的。

东京街头乞食的和尚

参禅悟道说生死

人生最大的困惑莫过于生命的短促。生下来时身不由己，三岁前和其他动物没有不一样，全靠父母的精心养育才能成长，任何的疏忽或者大意，都可能使襁褓中的婴儿夭折。四岁以后开始有自己的主见和思想了，于是就开始思考死亡的问题了。我的孩子在四岁时，有一次忧伤地问我：爸爸，你会不会死了呢？我怅然了好半天，问孩子："你为什么要问这个问题"？孩子哇的一声哭了，她说幼儿园同学的家长死了，同学很伤心。她便担心自己的父母也会突然死去，于是在心里憋屈了好几天，才壮着胆儿问这个问题。我再问孩子："你希望父母活多长时间呢"？孩子搂着我的脖子，稚气十足地说："我要爸爸妈妈活到永远"！听到孩子这一句近似偈语的话语，我的心似乎被深深地刺了一下，眼泪不由自主地流了下来。

童言无忌，孩子说的是她心里想的，以她四岁多的年龄，也不可能知晓人世间的死是无法阻止的。假如一个四岁多的孩子能清楚地知道人是迟早要死的，也许孩子从此不会再开心。亏得她们幼小无知，才使童年充满了快乐，充满了童趣。

成年人也会有这种近似童贞的美好愿景，道教就是这种人生愿景的代言人。早在春秋战国道教孕育的初期，就已经把人的长生久视当作基本教义，并一直竭尽全力予以探索和实践。

最初的实验就在帝王身上，比如秦始皇。

公元前221年，秦始皇用了不到9年的时间，以其卓越的军事才能和政治谋略横扫六国，结束了250年之久的战国。他也成为中国第一个有模有样的帝王。

当了始皇帝的嬴政，手握着一个高度集权的国家机器，几乎没有他办不到的事情，也没有他不敢做、不能做的事情。但仍有一件事困扰着他，常常使他食不甘味，夜不能寐。如梭如露的岁月，日渐发福的身体，总有一天会变成衰朽之躯，优美如画的江山并不能长久地厮守。正当他为生命之短促忧虑叹息时，有方士告诉他：蓬莱之海有神仙，活到八百（岁）如少年。这对秦始皇无疑是一个莫大的诱惑。他把方士请到宫里，授予方士种种特权，让方士奔赴蓬莱为他找一种能长生的仙丹。

秦始皇不是为延迟死亡，而是为长生，折腾了好几年，也没有找到让他返老还童的仙药。但秦始皇并不甘休，他害怕死，他不想死，他最终死在长生求仙的路上。

秦始皇的死，并没有影响到道教人物寻求神仙、寻求长生不老之灵丹妙药的热情。一直寻求了接近一千年，到大唐王朝还在寻。这个时候的道教已经开始实验通过炼铁炉制造出一种能让人长生久视的金丹，包括著名的药王孙思邈都参与其中，而且乐此不疲。大唐王朝朝野都幻想能在一夜之间蜕变成人肉金身，岁月的风霜从此不能摧残。尤其是那些养尊处优的高官们，一个个身先士卒，争着服用炼铁炉炼成的长生不老丹，其中最痴迷的当数一个又一个帝王了。聪明一世的李世民也曾服用金丹，结果燥热难耐，躲在终南山翠微宫。按理说，经受了一次失败的试验，聪明一世的太宗应该有所醒悟。但是，有人说这可能就是长生不老丹的正常反应，若再加大剂量，可能会有奇迹出现。这样的时候，身处帝王之尊的李世民也难以抵御长生的诱惑，于是这位开创贞观之治奇迹的帝王楷模，以 51 岁的英年，没有倒在敌人的刀下，却倒在自己的痴迷幻想中。

多亏大唐的科技不发达，没有广播、电视、手机、微信之类，要不然，金丹就可能像风一样刮遍全中国，为此献身的百姓恐怕就不是几百人几千人了。

死亡问题还仍然困惑着普天下的人，既包括有钱有势的精英，也包括普通平凡的百姓。尤其是那些年龄不大的逝者，一直令人惋惜、悲痛，切齿于医学的不发达。

道教困惑于人的生命短促，从探索长生不老之药到探索养生长寿的妙方，直到今日，还没有放弃这种追求。随着时代的进步，人的生命已经被证实能够长寿。尽管长寿的时间还不是很满意，或充其量只有 100 多岁，而且绝大多数人尚且达不到三位数的寿命，但是关于长寿的探索已经被证明属于生命科学，正在成为全人类决心攻克的尖端科技。相信不久的将来，人类的平均寿命必将突破两位数的魔咒。

今天关于长寿的秘笈已经五花八门，其中包括道教所总结出的长寿方法。

长寿已经成为当代人所追求的崇高目标。几乎没有几个人面对日日增长的年纪不曾叹息岁月之仓促，没有几个老年朋友面对日渐衰老的身体不曾思考死亡的问题，而且每每想到死亡，就不由自主产生对人世的依依不舍之情。没有几个人能坦然面对死亡，视死如归；没有几个人在死亡面前不悲伤哀怨。

恐惧死亡一直是人类难以消弭的一种情绪。

也许正因为如此，在大约两千多年前的印度，有人开始创造出一种帮助人克服死亡恐惧的新型理论，并且以佛教的教义开始传播。在某种程度上，佛教关于人的生死问题所阐发的义理在世界宗教中首屈一指。佛教关于人的生死问题的义理抚慰着人类的心灵，减轻了人类的苦痛。

那么，佛教对人的生死问题有过哪些高明的见解呢？

《楞伽经·一切法品第二之一》：“世间离灭生，譬如虚空花，智不得有无，而兴大悲心。一切法如幻，远离于心识。智不得有无，而兴大悲心。世间恒如梦，远离于断常，智不得有无，而兴大悲心。知人法无我，烦恼及尔焰。常清静无相，而兴大悲心。佛不住涅槃，涅槃不住佛。远离觉不觉，若有若非有。法身如幻影，云何可称赞？知无性无生，乃名称赞佛。佛无根境相，不见名见佛。云何于牟尼，而能有赞毁？若见于牟尼，寂静远离生。是人今后世，离着无所取。”

读这些佛经，估计多数人会心生迷离，因为很多话听来似懂非懂，注解的书籍也时常模棱两可。所以本文只能将这些经文的大致意思表述如下：

《楞伽经》中这一段诗文，中心讲述了佛关于人的生死问题的基本态度：万有世间的一切诸法，都是生灭灭生的不停轮转，犹如虚空中的幻境，似有似无；世间一切人都在纠缠于“有、无之间”，因“我”而迷失，并由此派生出痴心妄想，增添出诸多的烦恼智障；世间生死问题，既无生死可了，也无涅槃寂灭的境界可得，因此必须要远离能觉所觉两边，了无所住才是佛法正觉的真实含义。

在佛教看来，人的生死问题有三个境界：出离生死；无所谓生，也无所谓死；死亡不是湮灭，而是一次涅槃。涅槃不是死亡，而是不生不灭；死亡就是一次往生，往生就是重生。

人的身体本来就由两部分所组成，死亡的只是物质性之色身，而另一个要素灵魂（神识）只是由原有的生命形态转化为另一生命形态。所以佛教从不承认人的死亡，认为人死犹如出狱，犹如再生，犹如卒业，犹如乔迁，犹如更衣，犹如新陈代谢。

至于人类为何恐惧死亡，是因为众生罕有对死亡的正确认识，以致心生惧怕。凡动物者，无不贪生怕死，包括蝼蚁。这种求生不求死的观念其所以根深蒂固，是因为太执着于“我”，并由“我”延伸到他或者她，尤其在血缘、婚姻、财产的羁绊下，人的死已经不是个人的问题了，而成为一个严重的家庭悲剧和社会悲剧。

人生有八苦：生、老、病、死、爱别离、怨憎会、求不得、五蕴炽盛。仔细想来，其实都和人的生死有关，可见人生痛苦之根就在于无法对生死问题释然。

可是佛教的生死观演绎了几千年，对人群中一些人确有宽慰之功，对多数人来说，并无根本的解脱。

人没有生死，显然与人的直观感受不相符。

而人的往生，虽然都想如此，但没有任何人亲见自己或者亲人往生的现实。以此作为理想境界，恐怕难以从根本上化解人对死亡的恐惧和对死亡的不安心理。

尽管当今人类也经常以精神不死自慰，但是，人作为一个物质形态，思想也好，精神也好，都依附在自身的肉体之上，没有了肉体，一切都立刻化为乌有。所谓的人生“三不朽”也只是在物质形态的基础上展演的，没有文字，没有书籍，就什么都没有了。人类几百万年的进化史，有文字记载的文明史只有几千年，过去的几万年、几十万年、几百万年在哪儿呢？没有人知道，也没有人追究。因为离开了物质形态的载体，就没有踪迹可寻。

佛教经典里记载人死的时候，从人身上的热度，就可以测知他到哪个地方去了，也就是说是往生到西方极乐世界，还是往生到地狱。这恐怕更难给为死而困惑的人类以彻底的解脱。从古至今，托生都是传说中的故事，没有任何证据证明某人往生到地狱或者天堂里，甚至也未曾见过人托生成人的事例。以此束缚人的行为，让人知道做了坏事是要受到惩罚，也是有逻辑上的漏洞的。任何一个安定的、发达的社会，基本都是依靠民主制度和法治精神实现某一群人的和谐与持续发展的。没有一个国家或者政府依靠“因果轮回”治理国家。

但佛教的一些义理还是折射出耀眼的光芒，比如人的生死相依的问题。无所谓生，也就无所谓死。当一个孩子诞生的那一天，其实死亡就已经紧跟在后边，只是众生颠倒，不曾面对罢了。当一个人怀抱着自己刚出生的婴儿，有人说这个孩子会死，恐怕会招致责骂甚至控告，但是谁能说这句话没有根据呢？再比如四谛中的苦谛，虽然只是揭示出两千多年前的人生感悟，却对整个人类有警示作用。社会改革在很大程度上就是要尽量减轻人类在生存中的痛苦感受，而不是锦上添花，增加所谓的幸福指数。也许是佛祖释迦牟尼所处的地位特殊，才使他深切感受到人生的苦痛，而那些生活艰难的人，一般比生活优越的人对痛苦的感受要迟钝一些。不要以为穷人就必然对人生感到痛苦，而富人就必然对人生感到幸福。事情并没有这么简单。释迦牟尼的苦谛也许正是许多身份优越的人的共性感悟。在人生痛苦这件事情上，或许财富越多，痛苦的指数越高。

以我等凡人凡心所看，人的生死既无所谓快乐，也无所谓痛苦。生死问题所带来的双重性感受是人所必须面对的。

以生来说，生在常人看来，固然可贺，毕竟生所带来的喜悦有目共睹。没有生，人类都会惊慌失措。但生的背后绝对与苦难以分离。首先是母亲所承受的怀孕和分娩之苦，分娩后的婴儿则时刻要面对死亡的挑战，而且这种挑战要跟随人一辈子，直到死的那一刻。仅此一项，就足以证明人生之苦了；

死亡是人生所面临的最为悲切的痛苦，有时候这种痛苦痛彻心扉。没有几个人能像庄子那样面对亡妻击鼓庆贺。人类社会所形成的分化，已经使人痛不欲生了，唯独死亡这件事情具有平等性，没有人能逃脱死亡的归宿。假如人类出离了死亡，相信绝大多数人都会生活在地狱里，甚至连人类的存在都是个问题。死亡对于消除人世间的恩怨情仇有着釜底抽薪的意义，所有的爱憎情仇，怨恨嗔恚，都会在死亡中一笔勾销。死了就一了百了。对于一部分人来说，死亡也是一种解脱，切不要以为人都渴望长生，长生也许会成为人类社会十分恐怖的魔咒。唯有及时的死亡，才是人类解脱的必由之路。

现实的人所渴望佛教做的事情，或至少有两个重要的内容：其一是在人的死亡前的临终关怀，以最大限度减轻人在死亡时的痛苦，既包括肉体感受上的痛苦，也包括精神层面上的刺激所带来的灵魂损伤。事实证明多数人在临终时都存在贪恋人生、意念颠倒、胡思乱想、恐惧死亡的状况，这对即将亡故者和他们的亲人都是巨大的精神和肉体折磨。而佛教关于生死的义理在这个时候是有其独到的疗抚作用的。可惜佛教在人的临终关怀上所做的事情并不多，而社会在人的临终关怀上也没有有效的手段。其二是在人生的兴旺时期开悟慧眼，使人从颠倒迷离中看破放下，回归自然，回归本性。芸芸众生，多数都是在颠倒中行进，在迷离幻觉中匆忙度过自己的青春岁月。一句“人为什么活着”？看看那些五花八门的答案，就足以参悟众生的苦闷。现实中太多的主次颠倒、正反颠倒、黑白颠倒的事情几乎天天在我们的生活中发生，在一个个鲜活的生命中演绎。多么需要佛的教诲，多么需要个人的觉醒？可以毫不夸张地说，未来的中国社会，尤其需要佛（道）的加持扶助，才可实现复兴之使命。

看看今日的现实，就不难看出宗教之于国人的重要性了。

有人曾经在佛教经籍里讽刺社会有所谓的“五浊恶世”，这当然是指古印度时期。“五浊恶世”是什么呢？

劫浊是其一。因为人心越来越凶恶，道德越来越浅薄，以至于整个社会充满戾气，人人都是害人者，人人都成为受害者，似乎这个社会人与人之间除了彼此伤害，就没有彼此相扶相助的时候了。于是本该活到 84000 岁，结果一减再减，只能勉强苟延残喘地活着。

见浊是其二。有人称这是末法时代。末法时代的众生知见不正，邪见增盛，却很少有人修行善道，听取不同意见，执着己见，自以为是。于是国家、民族兵戎相见，个人、团体诉讼纷争，整个社会沉浸在“自作沉孽”的恶性循环中不能自拔。

烦恼浊是其三。人人争先恐后，不是奉献社会，而是追逐“五欲六尘”（五欲：财欲、色欲、名欲、食欲、睡欲；六尘：色尘、声尘、香尘、味尘、触尘、法尘），引发出一波又一波贪、痴、嗔、慢、疑等烦恼，搅乱身心，终日不宁。

众生劫是其四。知见不正，利欲熏心，不知孝敬父母，不懂修善去恶，不畏恶业果报，不守国家法律和社会行为准则，造假制假，坑蒙拐骗，欺诈欺弱，牟取不义之财。以致福报渐衰，苦报渐长。于是雾霾漫天，河水变色，无论男女大小穷富贵贱，都难逃众生之劫。

命劫是其五。由于恶业增加，人寿日减。本来年寿84000岁（这是佛经所言，我不信），已经锐减到不满百岁，而且完满者稀少，夺命的突发事件日渐增多。

佛言娑婆世界，娑婆者，堪忍也。也就是说，我们能忍，却都在忍气吞声地苟活着。

构建和谐社会，犹如建造一张桌子，桌面恰似和谐社会，底下的四条腿分别为公平公正的分配制度，在监督中运行的民主制度，人人平等的法律制度以及引导精神世界的宗教。佛教在我们中间，犹如“夜深忽闻远鸡鸣”，总会有天亮的时候。

善导像

化复杂为简单就是般若境界

佛教有一个术语：般若；佛教经籍中有一本佛经：《般若经》；佛教译经法师中有一位法师：般若法师。不学佛经或者不接触佛教的人，估计很难单从字面上解释“般若”。因为“般若”出自梵文，梵文音译“般若”或者“波若”，还有译成“般若波罗蜜”。假如换一种意译法，则成为“妙智慧”。意译的中文“般若”，意思就是“大智慧”。

般若智慧非一般的智慧。在佛教看来，能够了解道、悟道、修证、了脱生死、超凡入圣的智慧才叫大智慧。

世间任何事，都要大智慧才能解决问题。

比如佛经。产自印度的佛教经籍林林总总，但无一不是从梵文译来。梵文又不是印度的通用文字，其中的晦涩味道可想而知。

《金刚经》有一句“阿耨多罗三藐三菩提”。我曾问过十余人，包括文化人，也包括寺庙的和尚，还包括一般的信众，能予以解释者只有个别，能把这一句话准确的读音读出来者，也只有几个人。而佛教经籍中，此类话语并不见少，可见佛经在翻译过程中的难度。

把这些佶屈聱牙的经文翻译成相对通俗的中国古代文言文的是鸠摩罗什，而著名的翻译家玄奘所翻译的经文明显在阅读的顺畅上不如前者。鸠摩罗什就是文字翻译方面的大智慧，因为他把复杂的梵文译成相对简明扼要的汉语。

古代中国的佛教其所以能在中国星火燎原，与一批又一批高僧大德分不开。从慧远到鸠摩罗什，从善导到信行，无一不是儒学大家，难怪佛教经他们传播会栩栩如生，信众如潮。

日常的生活中，其实也会有“方便般若”在隐约中支撑着我们社会的方方面面。“方便”二字我们并不难理解。坐你一个顺路车，就是你给我的方便。但此类方便比较简单，不属于思想上的方便。生活中我们常见到一种人，也许他的文凭不是很高，但是在具体的问题上，总能把纷繁复杂的事件梳理得很清晰，把看似难以解决的疑难杂症以极简单的方式解决之，而且一竿子插到底，不留任何的后遗症。这种人其实就是佛教所言的大智慧之人。可惜我们社会中的“大智慧”分布在各个角落，唯独在机关或相对重要的岗位上寥寥无几，因为我们通行一种叫“逆淘汰”的社会氛围。

作为一名文字工作者或文学爱好者，都知道当今中国写文章的不在少数，任何一个省都会有数以百计的“作家群”，但是，那些能很好驾驭文字者，能写出流传千古的好作品的文学家却很少，多数都沦为昙花式人物。因为任何一种文字，都有他的境界。能充分展现文字气场的人，能以简练、准确、幽默、高雅的文字讲述故事的人，才有可能成为“文字般若”。

书店里摆放了数以万计的书，而且每一年据说还有40万种各类书籍出版。然而，能引起读者阅读兴趣的书，能以简要、生动、准确的文字表述事实的书，则十有一二，绝大多数都是些粗劣的作品。一本好书何以会让读者爱不释手，是因为此书的文字中渗透着作者的般若大智慧。我尤其喜好阅读百年之前的书籍，比如先秦诸子百家的文章，汉魏文学，唐诗、宋词、元曲，以及明清小说和民国时期的文学作品。这些作品经过岁月的沉淀，糟粕基本都漂散了，剩下的只有精华。所以说最好的读者应该是岁月，唯有岁月铁面无私，既不看权势的面子，也不受媒体的蛊惑。学佛者也一定会从这些历史作品中充分体悟般若的境界，包括佛教的经籍。国学大师南怀瑾先生就曾说过：《金刚经》在中国其所以能吃得开，是鸠摩罗什的文字般若造成。他翻译了很多经典，其中《金刚经》以及《法华经》影响中国极大。尤其他的文字格调，形成了中国文学史上一种特殊优美、感人的文字意境。

后来玄奘法师等人的翻译，在文学境界上，始终没有办法超越鸠摩罗什，这就是文字般若不同的缘故。虽然这只是一家之言，却为我们感悟文字般若提供了很高的境界。

说到境界问题，其实也有般若。同样的山水，浪漫而富有情才的人和市侩而知识贫瘠的人的感悟是不一样的。同样的瀑布，在李白眼里，就是“飞流直下三千尺，疑是银河落九天”，在有些人看来：哇！这水咋从天上流下来！所以我常常劝慰文友：莫嫌钱太少，暴发户在月光下饮酒作乐时，你的那一双慧眼，却看到月亮婀娜的身姿和忧伤的脸庞，这就是你的福报，此等福报，用钱是买不来的。

大街上匆匆而行的各色人士，看看他们的脸颊，为何都如此凝重？是因为多数人没有悟道，奔忙于人世间的衣食住行，唯恐把该赚的钱漏了，不愿放弃任何的机会。他们都在问：时间都到哪儿去了？时间对任何人都是一样的，只是有人太关注他的事业他的钱财，所以有时候连抬头望明月的雅兴都没有。我有一位在西安轻工市场做生意的朋友，从她年轻时开始做生意，一直做到快 50 岁，还在做。一年 365 天，她只在正月初一到初七休七天假，平时都忙于她的生意。我偶尔见到她，发现她几乎没有不疲惫的。于是就劝她：钱是赚不完的，命是有限度的，为什么不能放慢脚步休息休息，整理整理自己呢？她说，一天的利润就是一千块，歇不下呀。钱已经像鞭子一样赶着她走。估计她想停，那条无形的鞭子就会抽她的后背。有一天我在街上碰见她，蜡黄的脸色使我意识到她有病了，一问才知道，她刚做过手术。挣了几百万，落下一身病。这种人生境界，正所谓“百年三万六千日，不在愁中即病中”，不苦才怪呢。

国学大师王国维博览中国诗词，总结出人生三种境界：第一境界：“昨夜西风凋碧树。独上高楼，望尽天涯路”（北宋晏殊《蝶恋花·槛菊愁烟兰泣露》）；第二境界：“衣带渐宽终不悔，为伊消得人憔悴”（北宋柳永《蝶恋花·伫倚危楼风细细》）；第三境界：“众里寻他千百度。蓦然回首，那人却在灯火阑珊处”（南宋辛弃疾《青玉案·元夕》）。

有些文学修养的人读到王国维所引用的诗句以及所表现的人生境界，都不由得黯然神伤，因为一个人所做的一切努力，其实在很大程度上都是“为他人做嫁衣裳”，到头来自己只能站在“灯火阑珊处”，远远地眺望。可是任何一个胸怀大志者，无一不是“先天下之忧而忧，后天下之乐而乐”者。任何一个参佛悟道的人，无一不是期望他人快乐的人。

这种“忘我”的情怀，正是佛教般若的人生境界。

所以说，不同的心量会有不同的境界。

佛教最常使用的文字中，有十个字使用的频率最高，包括：觉、悟、寂、灭、出、世、因、果、离、慧。我尤其喜欢“悟”字。因为众生的区别就在悟性的不同，而非长相的差异。在常识问题上，人在脑细胞上的差异就在伯仲之间，唯独人的悟性差之千里。有人悟道，立地成佛；有人悟商，经营一流；有人悟文，出口成章，甚至连驾车这样的基本技能都有悟性之差。西安城数以万计的出租车，多数的司机并不曾体会到与车默契配合的境界，只有极少数司机的车才给人以享受的感觉，因为多数人并不具有驾车的悟性。

而芸芸众生，看他们的表情，就知晓他们有无“悟”的禅意。包括修佛问道，也包括一切人间的事业，都有悟与不悟的问题考验着每一个人。甚至连人的言谈举止，有悟者眉清目秀，表情生动，举止文雅，待人和善；无悟者肌肉僵硬，目光游离，言行粗野，旁若无人。

佛教修行的根本目的在于得智慧身，智慧的来源在于“悟”，而不仅仅是别人的灌输。人在尘世间的一切贪、痴、瞋、恚，都与三界的诱惑分不开。而三界诱惑之根就在于人的愚痴。当今社会充满了欺诈，但是没有人认真想一想：其所以欺诈屡屡得逞，不是欺诈的手段有多么高明，而是我们这一代、两代人的心灵被一个东西堵住了，这个东西就是贪占小便宜的诱惑。所以说，任何一桩诈骗案，除了犯罪嫌疑人的因素外，还有一个不容忽视的因素：多数人的愚痴。破解的办法就是“悟”。佛的般若没有定量，也没有栅栏，任何人只要用心，就能提高自己的悟性。

那么悟来悟去，我们究竟要悟什么呢？就是要悟出佛的般若境界，其实也就是人生的大智慧。信不信佛没有关系，能悟出佛的境界才是根本。佛的境界又是一个什么样的境界呢？八个大字：自利利他，自觉觉他。先把自己的事情办好，然后再尽力办好别人的事情。这种心怀天下的情怀在佛教看来就是有情，有情既是佛性的重要标志，也是人性的重要标志。

由此可见，佛性与人性是相通的，高度重合的。而人性问题，早在中国的春秋战国时代，就曾经争论过。孟子主张人性善；荀子主张人性恶；告子说人性无所谓善，也无所谓恶；西汉的杨雄认为人性既有善，也有恶。一个人其实就是一个善恶的混合体。修善则为善人，修恶则为恶人。杨雄的观点被编成《三字经》：人之初，性本善；性相近，习相远；苟不教，性乃迁；教之道，贵以专。佛性讲有情，人性讲友善。其实两者互为因果，高度依存。

生活的历练使我们清晰地看到，一个善良的人，必是一个有情之人，有情者，一定多情，一定富有同情心。善良者，心底有善念，良心定行为。

修佛也罢，不修佛也罢，人生活在这个世界，总是要有人性的，没有了人性，就无异于畜生了。人性的光辉就在于有情、善良。

现实生活中各色人等，只要有人性，就会有佛性。

我的拙著《我心怡然》中有一篇专论人性的文章是这样阐述人性的："人性乃人之特性，如同狼性一样。狼是以生存为前提的食肉动物，只要肚子饿，吃什么并不精心选择，包括吃人，这就是狼性。人性呢？人在长期的艰难进化过程中深刻认识到：作为一个人，行走不如飞禽，力量不如狮象，感知不如狗狐，耐力不如牛马。人只有尊重同类，团结同类，才能战胜其他动物，逃避自然灾害。这种久积的悟性便形成了人与人之间的一种认同，一种规则，继而塑成人的基本特性，并一直完善到文明时代”。

尊重他人是起码的人性需要，尊重不是要把他人顶在头上，而是待人要有平等心，对己要有平常心。

参佛悟道是高级的人性归宿。人活于世，既不能做欲望的奴隶，也不能做利己的奴隶。从物欲的洪流中超度，在利己的同时利他。做一个不俗的人，一个脱离了低级趣味的人，一个有利于他人的人。古人云：“不俗即仙骨，多情乃佛心”。所以说，开悟世间事，就是悟佛法。《法华经》上也有：“一切世间法，皆是佛法”。能悟到人世间的酸甜苦辣，人世间的反复无常和人世间的大道，就算看到了佛国的境界。世间的事情和佛界的事情是一样的，不要以为只有佛教才有大智慧，世间的学问、思想、智慧，世间一切事，都可以从中悟道。般若在哪里？就在我们生活的过程中。

每个人的心中其实都有一个佛，把自己心中的自性之佛找到，就已经成佛了。

近看佛寺一二三

四十年前丰德寺

一九七五年文化大革命尽管还没有结束，但社会生活已趋于平稳，各项事业也开始逐渐恢复正常的秩序。那个时候我在一家国营公司的宣传部工作，这一年的农历十月被借调到长安县滦镇西留村，成为农业学大寨宣传队的一员。

西留村紧贴着终南山。一同驻队的有五人，我算年龄最小的，只有21岁。我们被安排在村口一间房子里，房子分里外两间，比较狭窄，里间只有一个大炕，外间则支有两块床板。组长副组长就睡在外间的床板上，我和另外两名来自西安财贸系统的干部就睡在里间的大炕上。那一年的农历十月，长安已是一片白霜，我们踏着被冻得坚硬的土路，来到这儿，做一件农民并不待见的事情——帮助农村学大寨。

头一天晚上，山口的寒风呼啸着刮了一夜。那一晚因为太冷，被子直到临明才暖热，但又被叫起，参加了生产队的劳动。街道上堆积的粪堆像石头一样，奋力用撅头挖才能抛开。架子车行驶在通往田地的小路上，咯咯吱吱，压碎了路上厚厚的霜凌。军用黄大衣裹在身上，很笨拙却不敢脱下。好在用力干活后不久，身体就开始冒热汗了。将近两个小时的劳动后，我被安排在一户人家吃早饭。当时的农村，基本没有麦子面，但滦镇西留村有上百亩的稻谷，虽然一家也只有百十斤的积存，但农民还是为我蒸了一碗白花花的大米饭。浆水菜就米饭的日子过了好几天后，我们除了早上的劳动外，就没有多少事情了，因为冬天里的农民也大都猫在自己家的被窝里。有几天早饭后组长还一本正经地组织几个人学习《人民日报》的社论，后来在大家的“抗议”下，也就放弃了。我们不能蹲在屋子里等着中饭，于是五人骑上两辆自行车（只有两辆），开始往沣峪口走去。

爬上沣峪口东侧的那座山，我们发现半山腰有一座庙。庙是相当破旧的，大殿没有大门，正对着是一片空地，被用作晾晒农作物，两侧是几间陈旧的房子。有一位比丘尼身着黑色长袍，忙着晒一种不知名的中草药。看她的年纪约五十岁上下，据说曾经是某大学的学生，因为遭到国军长官性侵后出家为尼。我和同伴试图与她交流，但都被她用沉默回绝了。房子里还有几个小女孩，年龄有大有小，最小的也就八九岁，忙着给师傅拿东西，同样一声不吭，眼神里既没有惊慌，也没有审视的警惕。寺院分前后两个院子，但都破败不堪，唯独后院的十几棵腊梅树苍劲而挺拔。我们相约春节前再来这儿折几支腊梅花拿到西安。

几天后我们又到了这座寺院。以我当时的感受，上到丰德寺似乎和走平地差不多，并没有呼哧喘气的感觉。同行的两位老者，其实年龄也就四十多岁，坐在寺院前一棵榆树下的石头上，喘了好半天才开始正常呼吸。这一次我们仍然试图与比丘尼作些交流。那位眉目清秀的黑衣女子已经不再拒绝和我们说话了，但是她只字不提自己的来历，只是礼貌地介绍了寺院里的情况。从她的介绍中我了解到，那几个小女孩是流浪到此的孤儿或被遗弃者。我不解地问：你这儿才几个人，自己吃饭尚且没有着落，咋能顾及这些流浪的孩子呢？她惨淡地笑一笑说："我佛慈悲为怀，咋能见死不救呢"？我和同行的几位都沉默不语了。在寺院转了一圈后已经快到中午，寺院的几个尼姑准备吃饭，为不再打扰，我们便匆匆下山，也去寻找吃饭的地方了。

临近元旦，我们最后一次登上这座山，进到庙里。那位年长的比丘尼没有在，她下山化缘去了，寺院里只有几个孩子，一个稍大的孩子看起来有点痴呆，她用手指一指山外，意思是师傅下山了。我怅然地遥望着山外，西万公路犹如一条银蛇盘桓在山下平原，一直往北伸去。凌冽的寒风下，腊梅花已经绽放，香气溢满了院前院后。在孩子的允诺下，我折了两株腊梅，小心翼翼地捏在手里。这两朵腊梅花被我带到青年路的公司所在地，花开至农历新年的正月十五才渐渐萎缩。

不久就到了一月八号，那天的气温在零下十度的样子。我们刚收工，就听到村里大喇叭播放的哀乐：周总理与世长辞。惊愕中我们接到通知，迅速撤回西安。

岁月如梭，日光似箭，一晃四十年过去了。四十年来虽然我几经沣峪口，却因为丰德寺山高路陡，几次都在沣峪口退缩了。然而自开始写这本《终南悟佛》后，尤其是写到作为律宗祖庭——丰德寺时，那位黑衣尼姑和她的几个收养的孩子总会浮现在我的眼前。

新建的丰德寺山门

2015 年 7 月下旬，西安连续出现 39 度的高温天气，29 日中午 11 时许，我从西安驱车前往丰德寺。车行至沣峪口，紧靠东侧有一个仿古建筑的大门，进门后是一条蜿蜒的刚铺过水泥的简易公路。我们头顶着炙烤的烈日，脚踩着冒着热气的水泥路，艰难地往上攀登。因为陡峭，走了几十米就开始喘粗气了。十几分钟后我走到当年那棵老榆树下，汗水已经浸透了衣衫。把气喘平后，我才小心翼翼地进到庙里。这儿已经是一个四合院式寺院了。当年生长在大殿门前的侧柏已经被凌霄花紧紧地拥抱着，凌霄花犹如一只只橘黄色的蝴蝶，给静谧的小院平添了一份动感和温馨。有一位居士模样的小女子走来询问，她说，如果有重要的事情，就把师傅叫起来，因为师傅已经午休了。我一看表，正好是12点半。于是我说：刚才询问了门口的师傅，说是在12点半之前进庙就能见到师傅。小姑娘转身走到北厢房，轻轻叩门，然后就念了一声“阿弥陀佛”，但是里边的人没有理会。小姑娘很为难，再一次询问我有什么重要的事情。我说正在写一本《终南悟佛》的书，写到四十年前的丰德寺，很想了解一下当年的黑衣比丘尼以及那几个孩子去了哪里？小姑娘迟疑了一会儿，又来到南侧的厢房，这一次念了“阿弥陀佛”后，里边有人搭话了。听说有人来访，门吱的一声被打开，走出一位四十多岁的比丘尼。她似乎刚睡下，走出房间后眼睛有点不适应，于是手搭凉棚，向北侧看了看。跟随我的小陈赶紧介绍：“这是高先生，正在写一本和佛教有关的书，专程来到丰德寺，就想询问询问四十年前的一点事”。进到屋里，比丘尼上下打量了我一番，然后问道：“你有什么事情”？我说：

“四十年前多次来访，今天专程登门，就是想询问当年的师傅和那几个孩子”。她说：“我也不知道，我才来十几年，咋会知道四十年前的事情呢”？我问她：“寺里有没有对过去的事情比较了解的老师傅”？她说没有这样的人。我问：“当年的那些腊梅树呢”？比丘尼说：“早就没有了”！当我询问寺庙里住持的法号时，她说不能告诉我。我问缘由，她反问我：“你是什么人我并不了解，凭啥要告诉你呢”？眼看我们的谈话陷入僵局，我介绍说，我经常到终南山的寺院来寻访，您不必太警惕。听了我的这一番话，女菩萨说：“很多的骗子都这样说的，认识这个认识那个，结果出门就骗”！不得已我当着她的面给原长安区宗教局局长打电话，希望这位曾经主管宗教工作的朋友证明一下我不是骗子，以免发生更多的误会。比丘尼接听了电话后，脸上才有了一点点和悦之色，但是谈话仍然艰难地进行着。从她断断续续的介绍中，我大致了解到：今天的寺庙除了大殿是修复的以外，其余都是九十年代新建的。如今这一拨比丘尼都是在改革开放后九十年代末期陆续来到丰德寺的，对过去的事情并不了解。至于寺院的住持的法号，在我再三请求下才得知叫“释顿宣”，就住在北边的禅房里，小姑娘没有把她从房间里叫起。根据丰德寺门口的碑文介绍，这位丰德寺的住持释顿宣是1999年由长安区宗教局委派来主持寺院的，之前的丰德寺是一座空寺。我在写作《终南悟佛》时写到丰德寺，只是放不下那位眉目清秀的比丘尼和她的几个小徒弟，才冒着酷暑来到丰德寺。怪只怪朋友没有搞清，就一口断定在中午十二点半之前进庙就能见到住持。我只知道，机关事业单位才会有吃闭门羹的情况发生，因为体制之忧，没有几个人能真真正正坚守八小时精心工作，八小时外也能设身处地为来访者着想，不曾想一座寺院，居然也有了和“衙门”一样的做派。临走时我路经大殿，一米多宽的殿门是封闭着的，隐约中可以看到释迦牟尼的肖像庄严肃穆地端坐在大殿正中，门口挡住朝奉者的是一个深红色上锁的功德箱，功德箱的进钱口朝外张着。

走出寺院大门，老榆树下有两位来自长安斗门的女香客主动打招呼，于是我便问：“你们二位不辞炎热光临丰德寺上香，图啥”？一位说，修佛就是修心呢。另一位说，修佛是给子孙积德呢。我就想，一个崇佛的出家人，何等骗子使她深悟：天下众生当首先拷问他是不是好人！当今社会骗子多固然不假，但是，佛陀有着慈悲为怀的胸襟，也有着洞察社会的慧眼。访者不曾怀疑寺庙里的和尚、尼姑是不是骗子，和尚、尼姑凭什么怀疑访者是不是骗子呢？

下山拐弯处有一处石碑，碑上赫然刻着：西安前任市长如何光临丰德寺，如何允诺为丰德寺修路。不由得又想，一个市长的光顾，居然能给寺庙带来如此巨大的变化，难怪寺院都期盼着领导的大驾呢。

做官还是越大越好啊！

但我关心的还是那位曾经在中国文化大革命期间坚守在寺院里的尼姑和她收养的几个孩子的命运。

悲从心来“大悲寺”

终南山至少有两个大悲寺，一个在南五台，一个在户县境内的终南山下。我去的就是坐落在栗峪口的大悲寺。

行至栗峪口，茂密的河床下，没有一滴水，但就在五六天前终南山才下过一场雨。这条出自栗峪的小河为何无水，我不得而知。同行的冯居士说，也许上游改道，也许这儿的山里雨小。我心里明白，终南山沟峪断流不只是栗峪，没有水的地方还多着呢。站在终南山较大的沣峪口，沣河的水依然像一条蜿蜒的小溪，有气无力地流淌着。水已经成为一个地方的命脉，却没有几个人能珍惜水，更鲜有人自觉地保护终南山这座天然的水源地，几乎每一条河道都有乱搭乱建的“农家乐”，每一条河流都有戏水的人和戏水后留下的塑料袋等垃圾。

我要去的大悲寺被一群鸡挡住了去路。养鸡的人承包了大悲寺靠山的这一片山坡地，于是篱笆一扎，养鸡场就把大悲寺一半的围墙包围了。

从鸡群中“突围”到寺庙门口，锈迹斑斑的大铁门开了一条缝，我们侧身进去，见到院子里坐着几个人，其中一位身着杏黄色唐装，好似寺院的住持，一问果然如此，另外两人则是身份不明的户县当地人。住持的名号已经记不清，知道他曾经在另一座寺庙里待过。不知何年何月，他来到这里，成了大悲寺唯一的居住者。说他是居住者，是因为他并不像一般的和尚，虽然也剃着光头，却满脸的沧桑，一看就知道他曾经“苦大仇深”，面部黝黑，肌肉僵硬而肃然。言语间也侃侃而谈佛教的义理，但我听了半天，也没有听出一个所以然来。倒是桌子上的那副茶具，显得格外的古朴。紧靠西侧是一排平房，大概有五六间的样子，门口有两个年约三四岁的孩子在玩耍，一位中年女子招呼着两个孩子。以常识判断这可能是一家人，一家以寺院维生的可怜人。

寒暄过后，我在这座不足五亩地的寺院参观了一圈。大殿有一尊释迦牟尼的塑像，因为光线很暗，塑像也显得黑黢黢的，大殿门前的台阶上长满了野草，一副荒凉的景象。大殿两侧是两座侧殿，分别供奉着道教玉皇大帝和佛教药师佛。每一座殿堂都有功德箱，但这儿的功德箱上的灰尘依稀可见，说明已经很久没有人清理了。

寺院的正门就在大殿正对着的北边，因为香客太少，据说平时很少开启，我们所进的铁门是一个侧门，偶尔进车用的。

我问住持：佛寺咋会供奉玉皇大帝呢？他哈哈一笑说：方便信众的，谁想敬释迦，谁想敬玉皇，由他。他说的话我能听出，其实就是为了吸引信众供养寺院，因为这儿至今还存在温饱问题。

有人曾经对我说，中国的佛道二教，就是贿赂宗教。既有信众给寺院的“贿赂”，也有佛陀给信众的“贿赂”。信众“贿赂”的是钱财，佛陀“贿赂”的是平安、福报。彼此都心知肚明，却没有一个人敢于揭穿。

我初学佛，不敢妄言关于佛教是否“贿赂”的问题，但是我清楚，任何一座寺庙，没有物质的支撑，就不可能悠然的弘法，甚至连生存都成问题。难怪当初释迦牟尼弘法时，首选商人作为他讲经的对象。给穷人讲经，你得先填饱肚子。

那天从大悲寺出来，我的心情沉郁，走到环山公路上时，竟然悲从心来：一座千年古寺，才离公路不过几百米距离，竟然寂寥到如此地步。其实细想，这弘法的寺庙，哪一点没有做好，离广大的信众越来越远？没有了信众，有佛也是一尊寂寞的佛。

卧佛不睁眼，因为不忍看

子午大道南出口西行不远处，就是青华山。青华山曾经是盛唐时期佛教的风水宝地。这儿有大小佛寺十余座，其中最著名的莫过于青华山岱顶的卧佛了。

进青华山并不容易，要掏买路钱。据说这里被承包，承包人在山峪口建起了一座三层高的阁楼，准备永久占山为王，卖票营生。

青华山口一座楼　从此进山要“买路”

青山绿水本来是先祖留下的遗产，没有人有权力将他赐予个人或者卖给个人，连封建时代的帝王都不敢这样做。可是，就有人将青华山以“承包”的名义给了个人，并且由个人进行所谓的开发经营。

那天还好，有在长安区政府工作的朋友作陪，我们一行四人没有在山口受到多少刁难，就开始登山了。我登过峨眉山，也去过九嶷山，老实说，论风景，青华山一点都不逊色于他们。沿途的白松参天，竹影斑驳，山风拂面，云烟氤氲，恰似神仙意境。同行的一位法师是第一次来，他询问这儿的历史。我半知半解地告诉他：青华山曾经是唐太宗前往翠微宫的一条通道，也是玄奘多次路经和歇脚之处。青华山由南北走向的两道山夹着一道梁，夹梁的坪上，有一天门、二天门、魁星楼、三天门、四天门，然后就是岱顶的卧佛了。《古刹提要》上记载，卧佛雕自唐代，与武则天有关，著名的

“南山律师”道宣曾经在此传戒。

上到岱顶，我们沿着陡峭的石梯攀爬到一处房子的墙角，就进到卧佛侧卧的房子。这是一座很窄的殿堂，卧佛就在这儿一卧千年，慈祥的表情迎接着每一位来访的香客。仔细端详，卧佛的双眼紧闭，也许是他不忍看到人世间的风云变幻。

但历史终归是历史。这座长达11.6米的卧佛石像所“见”过的名流还真不少，既有大唐历代的帝王将相，也有曾在终南山下呼风唤雨的佛道名士，更多的是难计其数的、普通的、崇佛的信众。无论是谁，卧佛都不会睁开双眼。他卧在山巅，祈福着长安，祈福着百姓，也祈福着“承包”他的那几个人。因为青华山有一尊卧佛，每一年来此供奉的香客不在少数，香火钱比一般的寺院要丰厚得多。

从卧佛的身边行至山顶，南望是绵延的群山，北眺是无际的平原，优美的景色陶醉着每一位前来敬香的宾客。

青华山岱顶的卧佛像

古刹与古树

终南山寺院中有千年历史且至今尚存的不在少数，仅长安区所辖地段就有十余座。然而这些千年古刹的建筑已经在战乱的烟火中，在岁月的风雨侵蚀中，在文化大革命的暴力摧残中消失殆尽了。唯独古刹初建时随手移栽的那株小树因为根植在这片深情的土地下，经过一千多年的风餐露宿，不经意间已经长成参天大树。正是这些默默无言的千年古树见证着古刹名寺的兴衰，且成为佛道二教辉煌遗迹的坐标。

像百塔寺，因为著名高僧信行圆寂后归葬于此并建塔成寺，在唐时曾经十分辉煌，仅占地面积就有数顷，大小砖塔上百，比今天的少林寺还多。但今日这些砖塔已经无存，唯独当年不知何人栽在百塔寺正院的那棵银杏树至今依然枝繁叶茂。2013 年我去百塔寺参访时，这儿只有几间简陋的平房和那棵千年古银杏。同行的朋友还指着银杏树的一道深痕告诉我，这是唐初名将尉迟敬德经常在此树拴马所留下的痕迹。

唐代樊川有八大名寺，牛头禅寺是其一。这座屹立在半原上的古刹，因为主持释果林法师的努力，已经恢复成一座堪称终南山最完整的寺庙之一。寺内法堂前的四季柏虽然已经严重倾斜，但生命力依然十分顽强。苍翠的枝叶年复一年，给古刹平添了一份神秘的色彩。尤其是牛头禅寺大殿前的龙爪槐，始栽于盛唐时期，至今已有一千五百多年。这株龙爪槐尽管已经半身衰朽，但从旁横出的枝条却如蛟龙，生机迸发，与不断扩建的寺院相映争辉。

2012 年春我应朋友之邀去杜公祠参观时，一眼就看见杜公祠门口西侧一面墙上赫然涂抹的“牛头禅寺”几个大字，还有一侧写着佛教偈词咒语，十分抢眼、有趣，于是就迈进这座很少听闻的古寺里。

那天没有见到寺庙的住持，却对寺庙大殿上那块巨型牌匾产生了浓厚的兴趣。这块牌匾上有“天中天”三个大字，气场绝非一般寺院所能比拟。我好奇地询问住持的名号，同行的朋友边笑边指着大殿两侧的一副对联，我仔细拜读却未发现其中的奥妙。经朋友指点，才知道匾书“盛唐古刹结硕果，佛光永驻功德林”中最后的“果林”二字正是该院住持的名号。从此，牛头禅寺以及牛头禅寺住持释果林的名字就永远定格在我的记忆里了。

紧靠终南山有一个村子——罗汉洞村，一看村名就知道他和佛教有关系。果然在这个村子正南不足百米的地方，就有一座始建于唐代的千年古寺——观音禅寺。

今天的观音禅寺在住持释悟宣的发愿努力下，已经一改昔日的颓废。方正的庭院，四合院式的建筑，园林般的绿化，处处彰显出该寺住持的历史功德。

观音禅寺千年银杏

而在释悟宣来到观音禅寺前的二十世纪六十年代初，观音禅寺已经被拆毁无遗了。祥峪中学就在观音禅寺的遗址上开始建设。上世纪九十年代宗教政策得到落实后，有一位兴隆尼师坚持不懈地四处奔走，在观音禅寺的遗址上建起了五间大殿。也许由于劳累过度，这位尼师在大殿落成后不久就圆寂在此。一时间观音禅寺没有了住持，就像一个单位没有了领导一样。寺院的僧尼着急，附近的村民也着急，宗教部门也为此东奔西跑，不久就把柏树林卧龙寺的西堂释悟宣请到观音禅寺担当住持了。

我到观音禅寺，也是因为寺里的那棵千年古银杏。有一年深秋，我很想收集些银杏的叶子当茶喝，于是在朋友的推荐下来到罗汉洞村南侧的观音禅寺。当看到这棵形似一把巨型大伞、覆盖着将近一亩地面积的树冠和满树的杏黄色叶子时，我竟然激动得泪眼婆娑。坐在树下，恰似坐在一座古老的禅房里，而秋风吹得莎莎作响的树叶好像一位老法师在讲经。

后来每到深秋，我就要来到观音禅寺，在古银杏下打坐静心。来的次数多了，也就和释悟宣熟络了。有一年悟宣师要扩建寺院，苦于没有土地。而历史的观音禅寺就有上百亩上等的水田，寺院仅靠收租就足以维持弘法的资粮了，不曾想一场革命，寺院的土地都被瓜分，建一座禅房还要自己想办法向农民租地买地。我受悟宣的委托，和罗汉洞村的村长、组长谈了几次，几个小伙子都很实诚，很快就签了用地合同。此后我因忙于《终南问道》的写作，到观音禅寺去的次数就越来越少了。期间释悟宣也曾到过我位于高新区的办公室，甚至也曾动员我皈依，但因为我非常留恋尘世的爱恨别离，留恋羊肉泡的美味，所以既没有皈依，也没有再过多地打扰师傅和他所住持的观音禅寺。

可以毫不夸张地说，今日凡是有古树的地方，基本都是古刹的遗址。古刹犹存树犹存，古刹无遗树无遗，但也有

“幸运”的树或“幸运”的刹。少陵原畔杜曲镇有一个抗日时期的兴国中学遗址，当年在日本飞机的狂轰乱炸下的兴国中学都没有停课。日本人投降了，兴国中学也解散了。几十年后，昔日的校舍已荡然无存，唯独曾经掩护师生的古柏还静静地挺立在这儿，而且不是一棵，是两棵。两棵和当年兴国寺一同落根的千年古柏至今弥久不衰，虽然苍凉肃穆，却不失松柏的特性，即坚挺又繁茂，让观者不由得心怀敬意，默然肃立。

兴国寺没有了，他和许多的古寺一样，在云谲诡秘的命运中归于沉寂，而古树却阴差阳错地保存下来。史载当年的兴国寺被松柏环抱，院内上百亩土地除了房屋，就是数不清的大树了。这些古树可能倒于日本人的飞机炸弹，也可能就倒在无知的贪婪的人的手下。尤其是这百年以来的滥砍滥伐，已经使终南山改变了模样。不然的话，终南山的古树，一点都不比台湾太鲁阁的古树小，一点都不比日本神道教所在地的古树少。据说一直到今天，还有人在打古树的主意。

谁能见证历史？唯有地下的古墓和地上的古树。人是健忘的动物，既健忘历史的教训，也健忘历史的经验。

辋川曾经是唐代著名的居士诗人王维的故居。王维当年所住的房子已经没有任何的痕迹了，唯独他门前的银杏树还在，可惜只有一株，其他的被他在诗文中所描绘的树木都在后人的手里倒下了。

建于隋朝的水陆庵曾经也是树木参天。二十世纪八十年代我到水陆庵参访时，除了他门口交汇的两条河，就是孤零零的水陆庵了。万幸的是水陆庵里3700多尊泥塑的儒释道三教神像还没有被焚烧。可是我听当地的老农说，水陆庵在上世纪五十年代初期，还有不少四人合围都抱不住的松柏。

终南山靠西的潭、皂两峪中间的大山是鼎鼎有名的九华山。1933年的《重修户志》上记载：九华山“凡山四顶，顶皆有庙。其绝顶为灵官殿，下为灵云塔，右为佛洞”。

“文化大革命”中，上殿、中殿全毁，千年古松被砍，明代古钟被砸，仅存清乾隆五十八年（1793）《重修三重殿碑》和《万古不朽碑》及嘉庆时所铸香炉两个。凄惨不凄惨？很凄惨，却没有一个人对此承担一毛钱的责任。

与九华山隔河相望的是著名的紫阁峰。紫阁峰紫气氤氲，色彩斑斓，不但于公元573年至580年接纳过著名高僧法藏在此静修，而且还接待过包括李白、白居易、杜甫、岑参、贾岛、程颢、韦应物、范仲淹等著名文化巨匠，更早的时候据说张良就在紫阁峰下辟谷。今天的紫阁峰既有数十处宋代的摩崖石刻，还保留着宋代重建的宝林寺及宝林寺塔。

但到过紫阁峰的人都会纳闷：如此高耸的紫阁峰却鲜有粗壮的古树，其中的因由因为没有历史记载，所以不能妄自推断。

发生在紫阁峰北的杜家庄一个关于古树的故事，让人听后，却“别有一番滋味在心头”。

今天的杜家庄村口有一株直径 6 米多的大白杨树。这株白杨曾与唐代官员诗人白居易有过一段惊人的渊源。公元 809 年的一天，白居易到了紫阁山。他和现代人一样爬山、赏景，只是没有现代人的汽车，才在傍晚投宿到一户人家。这家主人也许知道投宿的不是一般人，而是鼎鼎大名的诗人，于是就制备酒肉款待。白居易刚举起杯子，就有一伙人冲进屋里。他们不请自吃，吃光了桌子上的酒肉，就操起斧头砍伐院子里的一棵已经三十年的老树。房东战战兢兢地询问来者是哪一部分的？回答是神策军。神策军是什么军？原来是大唐王朝的侍卫队，今天奉命到山里为皇室建造楼台亭阁选伐木料。农民在这伙人跟前能说什么呢？只能忍气吞声，在被砍伐的树下再栽一株白杨树罢了。不曾想这株树竟然越过千年，至今还端端正正地生长在杜家庄。借宿喝酒的白居易也没有闲着，他以借宿杜家庄的所见所闻，写了一首诗《宿紫阁山北村》：

“晨游紫阁山，暮宿山下村。村老见予喜，为予开一樽。举杯未及饮，暴卒来入门。紫衣挟刀斧，草草十余人。夺我席上酒，掣我盘中飧。主人退后立，敛手反如宾。中庭有奇树，种来三十春。主人惜不得，持刀断其根。口称采造家，身属神策军。主人慎勿语，中尉正承恩”。

以白居易的身份，估计在神策军面前也无能为力，因为来自帝王的侍从，是没有监督的机关的。白居易在封建专制制度下，能自保就很不错了。然而，仅仅几十年后，大唐王朝的钢铁江山就变得软弱不堪了，中国又一次进入到一个四分五裂的混乱时期。

无独有偶，公元一千九百九十年代中期，长安县西部有个普贤寺，寺院早已经在“文化大革命”期间拆了，普贤寺村还在。这个当时只有千把人的小村有一天突发神经，要整修村道。于是原来的街道上生长的几十株大大小小的榆树、槐树、柿子树都遭了秧。村民当然不愿意砍掉夏天能遮荫的门前树，可是刚上任的村干部们心头正燃烧着三把火。他们和当时的乡政府一起，由乡政府有关人员出面，手提着家伙（手铐）在村里转悠。有一位小学老师门前也长着一棵拦腰抱不住的大树。这位老师就给乡政府提了一点意见，这一天“戴手铐”的人就蹲在老师家门口，直到有人把树伐倒，提手铐的人才离开。事后我听说此事，几次询问村干部是谁手提镣铐威胁村民的？没有一个人回答我。这件事虽然过去了几十年，但每想到此，就不由得想起白居易《宿紫阁山北村》的诗。哪位方家若是不信，当事人大都健在，就到普贤寺问问去。

行直何用修禅

天下人很少有人不进这些地方的：佛庙、道观、清真寺、教堂。

进到佛教寺庙，就要见一个人，此人非常人，亦非今人，而是两千多年前的一位哲人，一位开创世界三大宗教之一的佛教的智者。他的名字叫悉达多，姓乔答摩。一听这个名字，就基本可以断定他不是我们中国人。不错，他是印度人，公元前六世纪诞生在印度迦毗罗卫国，而且是一位太子。乔答摩的时代，印度还是一个等级森严的奴隶社会，甚或就处在部落时代。而迦毗罗卫国也不是多大的国家，只是一个家族部落。少年乔答摩接受的是婆罗门教的传统教育，学习《吠陀》经典，并且很早就结婚生子。佛教史记载乔答摩20岁就出家了，他为何不享受太子的奢华生活，抛妻弃子，云游四方？

没有人知道确切的缘由。只是根据当时印度的社会状况，估计乔答摩的生活出现了较大的不确定性。

出家是当时印度包括沙门在内的许多宗教的共同做法，不是后来的佛教的发明。

乔答摩出家后经历过许多的磨难和挫折，最终在菩提树下悟出了“四谛”的真理。此后的乔答摩已经不是乔答摩了，而被尊称为“佛”了。

佛是佛陀的简称，是由古印度梵语译来，意思就是“觉者”或“智者”。“觉”这个字在中国文字里很有讲究，最初就是“睡醒”的意思。一个人睡了，外界的一切都已经无知无觉。所以人常说睡死过去，就是这个意思。后来又醒了，醒就是觉，就是悟。

但佛的觉不是睡醒了的觉，而是对人生历程深感沉重，觉悟到人生无常，不能苟活在贪痴嗔恚中，应该换一种活法。

进庙见到佛，不像我们见到朋友，打一声招呼，寒暄问候。佛本无言，只是一尊泥塑的像。尽管只是一尊泥塑的像，绝大多数人进到庙里，却总是不由自主地要拜佛。

寺庙的庄严清静，使人不由得心生敬意，这本是人之常情。见佛不拜其实也没有什么了不起。因为佛陀以慈悲为怀，对一切众生都心怀悲悯，不会责怪任何人的不敬之举。

但是，佛教毕竟传到中国已经两千多年，虽然经历过兴衰起伏诸多波折，但佛所宣扬的义理经过中国文化的土壤培植，已经长成参天大树，庇荫着中国人。走进寺庙，一种神圣感便会油然而生，不由得对庙堂上高坐的佛陀躬身敬拜，而敬拜的理由也会因人而异，千差万别。

有人专程前来，为的就是要求佛陀庇护、保佑，以期在自己的惶惑不安中消除灾难，接引超度；

有人不经意间进到寺庙，出于仰慕，面对佛陀双手合十，表示敬意；

有人信佛，寺庙就是他的另一个家，佛就是他的精神皈依。

皈依的“皈”其实如同归来的“归”，游子归来，归到佛的门下。皈依已经是一个特殊的群体所进入的精神境界。而进庙烧香的则多为不曾皈依的信佛者。这与基督教有明显的差异。皈依就是皈依三宝。三宝者：佛、法、僧！佛就是觉者；法指法则；僧是和合众。

“始觉浮生无住著，顿令心地欲皈依”（李颀诗）。

北宋政治家、文学家王安石曾作过一篇关于皈依三宝的诗《望江南·皈依三宝赞》：“归依众，梵行四威仪。愿我遍游诸佛土，十方贤圣不相离。永灭世间痴。归依法，法法不思议。愿我六根常寂静，心如宝月映琉璃。了法更无疑。归依佛，弹指越三祇。愿我速登无上觉，还如佛坐道场时。能智又能悲。三界里，有取总灾危。普愿众生同我愿，能于空有善思惟。三宝共住持”。

皈依也罢，不皈依也罢，凡是信佛的人，就有必要问一问自己：信佛信什么？

随便问一个大诗人吧。大诗人唐代最多，李白、杜甫、白居易……就问白居易吧，白居易说：“余年七十二，不复事吟哦。看经费眼力，作福畏奔波。何以度心眼，一声阿弥陀。行也阿弥陀，坐也阿弥陀，纵然忙似箭，不废阿弥陀。日暮而途远，吾生已蹉跎。旦夕清净心，但念阿弥陀。达人应笑我，我且阿弥陀？达又作么生，不达又如何？普劝法界众，同念阿弥陀”。

七十二岁的白居易，感慨自己的人生日暮，路途遥远，岁月蹉跎，为了求得晚年的清静，放下人生名利的包袱，尚且天天诵念阿弥陀。

问柳宗元，柳宗元说：“吾自幼好佛，求其道，积三十年”。

柳宗元用了三十年，积累了什么经验？且看他继续说：佛家“其教人，始于性善，终于性善”；“儒以礼行，觉以律兴，一归真元，无大小乘”。

柳宗元认为佛陀教化人以性善开始，以性善结束。此类教化，才是人类的根本教化。

把古人信佛的理由摘录，恐怕能写成一本很厚的书，读者也许早就不耐烦了，所以暂且打住，问一问现代人吧。

问章太炎，章太炎说：“佛法本来不是宗教，一切大乘的目的，无非是断所知障，成就一切智者。分明是求智者的意思，断不是建立一个宗教，劝人信仰。佛法与其称为宗教，不如称为哲学的实证者。佛教的理论使上智者不能不信，佛教的戒律使下愚者不能不信。通彻上下，这是最可用的”。

在章太炎看来，佛已经不能用宗教来归纳了，佛就是人类哲学领域的实证者。实证什么？值得深思。

问鲁迅，鲁迅说：“释迦牟尼真是大哲，我平常对人生有许多难以解决的问题，而他居然大部分早已明白启示了，真是大哲”。

以鲁迅的学识和智慧，尚且有“许多难以解决的问题”，常人恐怕就更多了。而鲁迅居然从释迦牟尼的悟道中“解决”了不少的“问题”，常人难道不应该谦虚一点，也从佛陀那儿得到一些启示吗？

还能问谁呢？在路上我巧遇一群刚从终南山礼佛归来的信众，一群来自古城以西三十公里远的小村普贤寺的妇女。说起普贤寺还真不是一个普通的村子。普贤寺曾经就是一座寺，寺内大殿上敬奉的就是普贤菩萨。据说此寺始建于元代，明清时很是热闹。到了清代，这儿还是一个十方道场。可是自革命成功后，这儿就被改成一所小学，后来在无产阶级文化大革命中，那所宏伟的大殿被拆了。寺没了，依寺而居的人还在，他们就是今日的普贤寺的村民。普贤寺的村民信佛的很多，前几年就有几十位年长的女人们自发给终南山观音顶上的村庙捐款整修。每一年的庙会，都有人不远百里，自带干粮，爬山涉水，来到海拔2000多米高的观音顶给佛上香。我路遇她们，看到她们风尘仆仆，却一脸的祥和之气，便很认真地询问她们：为什么如此信佛？

得到的回答五花八门。有的说：信佛好人有好报，恶人有恶报；有的说：信佛心清净，不生气，身体好；有的说：信佛不会死，会往生；有的说：信佛得超脱，世间一切贪痴嗔恚就灭了。人无贪痴嗔恚，该多么轻松啊！

还有一位居士给我写了一段他信佛的体会：自从我信佛后，天天口念南无阿弥陀佛，心量慢慢的变大了。原来事事都纠结，后来才知道，这世界一切都随缘。每当遇事想不通时，随缘二字就开导了自己，人生很多事不能强求，啥事都有个因缘际会。

隐约中，佛陀的形象由模糊变得清晰。他离我们并不遥远，也并非只是泥塑的彩陶。佛是一位慈祥的智者，以他深切的人生感悟启示众生，各取所需。

但佛不是上天派来的神，他既没有神的种种奇功异能，也没有神的通天能量。当你信他时，他才会给你撑腰壮胆，排忧解难；当你不信他时，他对你没有一点脾气。而佛所给与人的，除了解脱的种种法门，再没有任何的东西。那些指望佛赐予机会的人，那些祈求佛生财不生病的人，那些妄想佛给他趋利避祸的人，恐怕会很失望。就连保佑平安这件事，佛也“爱莫能助”，只是提醒各位：平安平安，心平自然安。心若不平，满脑子贪痴嗔恚，恐怕也难安生。

佛这样也不能给你，那样也不能给你，你如此信佛，佛能给你什么呢？

佛能给你一个般若境界。般若者，妙智慧。何为妙智慧？就是不同于我们通常所说的智慧，是一种超出平常人生智慧的大智慧。大智慧解决的是人生智慧难以解决的问题。

所以说，佛法根本是智慧之学。

世界数以千计的各类动物，唯独人类最有智慧。人类的智慧已经达到前所未有的高度，不但能绝对驾驭其他动物，而且在很多时候还能驾驭自然。佛的大智慧，对我们的人生有什么意义呢？

人的最大的问题是不能很好地驾驭自己。正如《坛经·般若品第二》所言：

“善知识！菩提般若之智，世人本自有之，只缘心迷，不能自悟，须假大善知识，示导见性。当知愚人智人，佛性本无差别，只缘迷悟不同，所以有愚有智。吾今为说摩诃般若波罗蜜法，使汝等各得智慧，志心谛听，吾为汝说”。

“摩诃般若波罗蜜”咋听起来都像天书，这是因为当年把佛经从印度带回来时，本是梵文，在翻译的过程中难以很好的意译，而音译的结果就只能如此了。再仔细解释就是：以无量的智慧，超度众生脱离世俗困苦。

在佛看来，世人在暂短的人生历程中，既沉溺于身外之物，又贪念于生离死别，而且没有穷尽，才造成这种万劫不复的悲惨命运。唯一的解决办法就是通过修佛修得大智慧，超脱人类自掘的苦海。

“善知识！世人终日口念般若，不识自性般若，犹如说食不饱。口但说空，万劫不得见性，终无有益”。

“善知识！摩诃般若波罗蜜是梵语，此言大智慧到彼岸。此须心行，不在口念，口念心不行，如幻、如化、如露、如电。口念心行，则心口相应，本性是佛，离性无别佛。何名摩诃？摩诃是大，心量广大，犹如虚空，无有边畔，亦无方圆大小，亦非青黄赤白，亦无上下长短，亦无嗔无喜，无是无非，无善无恶，无有头尾。诸佛刹土，尽同虚空。世人妙性本空，无有一法可得。自性真空，亦复如是”。

进庙不进庙，信佛都要心口如一。唯有心口如一，才能即得见性。

说到底，原来我们进庙，是为了开悟佛的大智慧，“当用大智慧，打破五蕴烦恼尘劳”。

“心体无滞，即是般若”。

终南山很大，庙宇林立，僧尼逾千。不论是千年古刹，还是村庙、子孙庙，供奉的都是佛。既是佛，我们烧香也罢，磕头也罢，总是要有些想法或者目的。修佛脱离了修智慧，估计一切想法或目的都会落空。

修智慧修到何种地步才算修成正果？

“善知识！我此法门，从一般若生八万四千智慧。何以故？为世人有八万四千尘劳，智慧常现，不离自性。悟此法者，即是无念。无忆无着，不起诳妄，用自真如性，以智慧观照，于一切法，不取不舍，即是见性成佛。”（摘自《坛经·般若品第二》）

八万四千智慧，的确令人瞠目，人的一生能修成八万四千智慧的一半，就已经很不错了。毕竟人生很短，除了修佛，还要生活，柴米油盐酱醋茶，吃喝拉撒睡住行，哪一样都离不开。更何况人生的爱恨别离，是非纷争，足以让绝大多数人辛苦一辈子，忧虑一辈子，纠结一辈子。正所谓“八万四千尘劳”，无时无刻不在影响着人的心情，干扰着人的生活。难怪我们周围修佛的人不少，善良敦厚的人、感恩图报的人、文明礼貌的人、谦虚谨慎的人、知道自己姓啥为老几的人不是很多。原来是假修的多，真修的少；装门面的多，潜心静修的少；盲目崇佛的多，清楚自己为何要崇佛的人少；凑热闹的多，自性悟道的人少。正所谓“不悟即佛是众生”啊！

修不了八万四千智慧，修得了八十四个智慧；修不了八十四个智慧，修一个智慧，也是修行的成绩。

“一悟即至佛地”（摘自《坛经·般若品第二》），这是佛经上说的，不是我杜撰的。

“人有两种，法无两般。迷悟有殊，见有迟疾”（摘自

《坛经·定慧品第四》)。

修佛修因果，积福行善为往生，也是修；修佛修忏悔，自心无碍不造恶，也是修；修佛修心量，是非长短若烟云，也是修；修佛修定慧，邪迷诳妄心不染，也是修；修佛修自度，邪来正度，迷来悟度，愚来智度，恶来善度，也是修。修佛信佛没有固定的模式，只要真修真信，修则成。

中华文明五千年，佛教诞生至今也才两千五百年，人类的文明成果都应当继承、发扬和光大。作为一名现代人，首先应该搞清楚自己的使命。一切有使命感、责任感的人，都是社会的脊梁，反之就另当别论了。

比如人要遵纪守法，遵纪守法是现代生活的常识要求，因为地球正在随着科学的发展变得很小，任何的不道德行为，违法乱纪的行为，都会或轻或重地影响到社会的和谐和其他人的正常生存。再比如人要有道德，因为道德的约束，会使人际关系保持在彼此都可容忍的底线上。假如一些人丧失了基本的道德，就必然危害到另一些人的人格尊严和生活秩序。一个社会，人与人是彼此依存的关系，而不是相互排斥的关系。任何人都没有理由给他人制造麻烦，甚或变成他人的地狱。

佛教的经籍也没有强调天下众生都来信佛，只要你按照人类文明的准则要求，佛也是欣然欢迎的。且看："心平何劳持戒？行直何用修禅？恩则孝养父母，义则上下相怜。让则尊卑和睦，忍则众恶无喧。若能钻木出火，淤泥定生红莲。苦口的是良药，逆耳必是忠言。改过必生智慧，护短心内非贤。日用常行饶益，成道非由施钱。菩提只向心觅，何劳向外求玄……”（摘自《坛经·疑问品第三》）。

青 华 山

参考书目

《佛教史》（凤凰传媒出版集团出版 · 杜继文主编）

《闲情偶寄》（万卷出版公司 · 清 · 李渔著）

《类编长安志》（三秦出版社 · 元 · 骆天骧著）

《佛教十三经》中华书局

《汉书》中华书局

《晋书》中华书局

《三国志》中华书局

《中国佛教史》弘学著

《佛教十万个为什么》（中国旅游出版社 · 徐玉成等编著）

《水经注》中华书局

《印度简史》（新世界出版社 · 印度 K · M · 潘尼迦著）

《历代游记选》湖南人民出版社

《史记》中华书局

《南怀瑾选集》复旦大学出版社
《李敖大全集》中国友谊出版公司
《长安佛寺》（三秦出版社·周文敏著）
《终南山佛寺遊访记》（陕西人民出版社·樊耀亭著）
《中国宗教与文化》（巴蜀书社·牟钟签著）
《中国传统道德论探微》（上海三联书店·王正平著）
《格古要论》中华书局（明·曹昭著）
《韩愈文选》人民文学出版社 1980 年